jQuery로 만드는 모바일&웹 게임

jQuery로 만드는 모바일&웹 게임

기초적인 2D 스프라이트 사용부터 MMORPG 게임 개발까지

셀림 아르세베르 지음 | 김세중 옮김

BIRMINGHAM - MUMBAI - SEOUL

지은이 소개

셀림 아르세베르 Selim Arsever

스위스에서 컨설턴트로 일하는 시니어 소프트웨어 엔지니어다. 최근 4년 이상 제이쿼리jQuery를 기반으로 한 오픈 소스 게임 엔진인 게임쿼리gameQuery(http://gamequeryjs.com)와 게임쿼리 엔진을 바탕으로 한 게임과 데모를 만들고 있다. 이 주제에 대한 몇 가지 논제를 주고, 그들이 처음에 의도한 것 이상으로 툴을 사용하는 것이 가장 흥미롭다고 생각한다. 트위터는 @SelimArsever다.

아내와 아들의 끊임없는 지원에 감사하며, 자바스크립트 커뮤니티의 열정과 개방성에도 감사한다.

기술 감수자 소개

사무엘 리 디어링 Samuel Lee Deering

잉글랜드의 자바스크립트와 제이쿼리를 중심으로 다루는 웹 개발자다. 컴퓨터 사이언스를 전공했으며, 공항 등의 유명 회사에서 경력을 쌓은 전문가다. 웹에서 굉장히 큰 영향력을 가지고 있는데, 최신 웹 앱 개발 도구인 제이쿼리 모바일 빌더 jQuery Mobile Builder와 유명 온라인 잡지인 스매싱 매거진 Smashing Magazine을 만들었다. 웹의 발전에 이바지하는 것에 초점을 맞추고 자신의 지식을 공유하기 위해 http://www.jquery4u.com/ 블로그를 운영하고 있다.

관련 정보를 더 자세히 알고 싶다면 다음 사이트에서 찾아볼 수 있다.

- 프로필 사진: http://gravatar.com/samdeering
- 웹사이트: http://samdeering.com
- 블로그: http://jquery4u.com
- 트위터: @samdeering @jquery4u

옮긴이 소개

김세중 powring@gmail.com

연세대학교 컴퓨터과학과를 졸업했다. YNK 코리아(현 플레이위드)에서 3D 온라인 MORPG를 개발하고 컴퍼니원헌드레드에서 유니티 3D를 이용해 3D 모바일 MORPG 〈메탈브레이커〉를 개발했다. 혼자 개발한 2D 퍼즐 게임 〈No2g: 노노그램〉을 운영 중이며, 현재 산호세에 있는 Kong Studios, Inc에서 2D 퍼즐 RPG를 개발 중이다.

옮긴이의 말

최근 게이미피케이션_{gamification}이 화두가 되고 있다. 일반적인 콘텐츠에 시각적인 효과와 바로 주어지는 보상 등의 게임 요소를 도입해 이용자들의 참여를 극대화 시키는 기술이다. 여러 분야에서 시도되고 있지만 가장 성공적으로 적용된 분야는 단연 웹 페이지라고 할 수 있다. 웹 페이지에서 곳곳에 숨겨진 뱃지를 모으고 보상을 얻는 방식의 마케팅은 이제 꽤 흔하게 볼 수 있다. 하지만, 그런 것이 게임이라고 부르기에는 부족한 것이 사실이다.

최신 웹 브라우저와 새로운 웹 표준은 실제 게임을 웹 브라우저에서 구동할 수 있는 가능성을 제시하고 있다. 현실적으로는, 아직 2D 게임을 만드는 기술쯤에 불과하지만 게이미피케이션에는 이 정도의 기술로도 충분하다. 회사 홈페이지나 개인 프로필 등 자칫 지루해지기 쉬운 내용에 게임을 접목하면 사용자의 흥미를 유발해 더욱 효과적으로 의미를 전달할 수 있다.

사실 자바스크립트의 태생이 이런 본격적인 콘텐츠 제작을 위해 만들어진 것이 아니며, 웹 브라우저마다 중구난방인 API를 가지고 있고 표준화된 API라고 하더라도 매우 구시대적인 형태를 취하고 있다. 이런 한계를 그나마 해소할 수 있는 것이 제이쿼리라는 프레임워크다. 제이쿼리를 사용하면 웹 브라우저마다 다른 API에 대한 문제를 어느 정도 해소할 수 있고, 쓰기 불편한 API를 조금 더 편리하게 사용할 수 있다.

이 책은 이런 경향에 맞추어 제이쿼리를 이용하여 웹 브라우저 게임을 만드는 것에 대해 소개한다. 또한 기초적인 2D 스프라이트 사용에서부터 MMORPG 제작까지의 넓은 분야를 다룬다. 특히 웹 브라우저에서 처리하기 가장 골치 아픈 사운드에 대한 내용까지 꼼꼼히 나와 있다. embed 태그를 이용하는 것부터 현재 산업에서 가장 보편적으로 쓰이는 플래시를 이용한 방법까지 친절하게 설명해준다.

흔히 CD에서, 혹은 다운로드한 후에 설치해서 실행한다고 생각하는 컴퓨터 게임을 설치 없이 바로 웹 브라우저에서 실행하는 것은 개발자와 사용자 모두에게 매우 신선한 경험이 될 것이다. 이 책을 읽고 자신만의 게임을 만들어 홈페이지에 달아 놓는 소소한 즐거움에서, 실제로 많은 돈을 벌어들일 수 있는 웹 게임까지 만들어 볼 수 있다. 그리고 최신 경향에 맞추어 각자의 홈페이지에 게임 요소를 도입해 볼 것을 추천한다.

웹 브라우저에서 바로 실행되는 게임을 만들어 보고 싶은 독자들에게 이 책이 도움이 되기를 바란다. 마지막으로 1장 번역에 도움을 준 이태우 씨와 좋은 책을 번역할 기회를 준 에이콘출판사에도 깊은 감사를 전한다.

김세중

목차

들어가며

게임을 만드는 것이 꼭 재미있지만은 않을 수 있다. 하지만, 기술 전반에 대해서 속속들이 알 수 있는 아주 좋은 방법이라는 것에는 아무도 이견이 없을 것이다. 최근 몇 년까지는 HTML과 자바스크립트를 이용해 게임을 만든다는 생각조차 하기 힘들었으나 최근의 몇 가지 사건으로 자바스크립트를 통해 게임을 만들 수 있는 가능한 방법들이 제시되고 있다.

- 자바스크립트 엔진의 실행 속도가 극적으로 향상되었다. 최신 브라우저는 2008년에 비해 10배는 빠르다.
- 제이쿼리와 이와 비슷한 라이브러리를 이용해 DOM 작업을 간편하게 할 수 있다.
- 플래시의 영향력이 많이 줄었고 iOS에서는 아예 돌아가지도 않는다.
- W3C는 게임에 방향을 맞춘 캔버스나 웹지엘WebGL, 풀스크린 API 등을 내놓고 있다.

이 책을 통해 3개의 게임을 만들고 기술을 넓게 배워볼 것이다. 여러분이 만든 게임은 아니지만 굉장히 재미있을 것이다.

이 책에서 다루는 내용

1장. 게임을 위한 제이쿼리에서는 게임 개발에 필요한 제이쿼리 함수를 깊이 있게 배운다.

2장. 첫 게임 제작에서는 스프라이트와 애니메이션, 프리로딩이 구현된 간단한 게임을 구현해본다.

3장. 더 좋게, 더 빠르게, 하지만 더 어렵지는 않게에서는 2장에서 만든 게임을 타임아웃 인라이닝, 키보드 폴링, HTML 프래그먼트 등을 이용해 최적화하는 방법을 배운다.

4장. 잡다한 기능에서는 타일 맵을 이용한 플랫포머 게임과 충돌 감지를 작성한다.

5장. 원근법으로 표현에서는 직교투영 RPG를 만들어보면서 타일 맵 최적화, 스프라이트 충돌, 더 나은 충돌 감지를 배운다.

6장. 게임에 레벨 추가에서는 4장에서 만든 게임에 JSON과 AJAX를 이용해 여러 개의 레벨을 추가해본다.

7장. 멀티플레이어 게임 제작에서는 5장에서 만든 게임을 여러 대의 기기에서 여러 명의 플레이어가 즐길 수 있도록 바꿔본다.

8장. 소셜 게임 제작에서는 페이스북과 트위터에 게임을 연동하고 해킹 유저를 잘 찾아낼 수 있는 점수판을 만들어본다.

9장. 모바일 게임 제작에서는 5장에서 만든 게임을 모바일 기기와 터치 컨트롤에 최적화해본다.

10장. 소리 설정에서는 오디오 엘리먼트, 웹 오디오 API, 플래시를 이용해 게임에 사운드 이펙트와 음악을 삽입해본다.

준비 사항

웹 개발의 장점 중 하나는 시작할 때 복잡하거나 비싼 소프트웨어를 준비할 필요가 없다는 것이다. 클라이언트에서만 동작하는 게임을 만들기 위해서는 좋아하는 코드 에디터(구문 강조가 필요 없다면 그냥 텍스트 에디터도 상관없음) 하나만 있으면 된다. 에디터를 아직 고르지 못했다면 사용해 볼만한 무료 소프트웨어가 많이 있다. 고전적인 VIM(http://www.vim.org/)이나 이맥스Emacs(http://www.gnu.org/software/emacs/)도 있고, 좀 더 최신인 이클립스Eclipse(http://www.eclipse.org/)나 압타나Aptana(http://www.aptana.com/), 노트패드Notepad++(http://notepad-plus-plus.org/), 코모도 에디트Komodo Edit(http://www.activestate.com/komodo-edit) 등이 있다. 이외에도 몇몇 에디터가 더 있다. 자바스크립트를 위해서는 그렇게 복잡한 에디터는 필요 없으니 친숙한 것을 하나 고르면 될 것이다.

그래픽을 직접 만들어 보려면 이미지 편집 소프트웨어도 필요할 것이다. 여기도 마찬가지로 많은 선택권이 있다. 가장 유명한 오픈 소스 소프트웨어인 김프 Gimp(http://www.gimp.org/)와 내가 개인적으로 좋아하는 픽센 Pixen(http://pixenapp.com/) 등이 있다.

서버 쪽의 스크립트가 필요한 부분에서 우리는 PHP와 MySQL을 사용할 것이다. 이를 지원하는 서버가 없다면 MAMP(http://www.mamp.info/), XAMPP(http://www.apachefriends.org/en/xampp.html), EasyPHP(http://www.easyphp.org/) 중에서 자신의 OS에 맞는 것을 골라서 사용하면 된다.

이 책의 대상 독자

이 책의 주 독자는 자바스크립트와 제이쿼리에 약간의 경험이 있는 초기 웹 개발자다. 서버는 PHP를 이용할 것이므로 이에 관해 지식이 있다면 좋다. 다른 서버 언어가 더 익숙하다면 PHP 대신 그 언어를 사용해도 큰 무리는 없다.

게임 개발에 대한 사전 지식은 아무것도 요구하지 않으므로 이 책을 즐겨주길 바란다!

이 책의 편집 규약

정보의 종류를 구분하기 위해 여러 가지 텍스트 스타일을 사용했다. 이러한 스타일의 예와 의미는 다음과 같다.

텍스트에서 코드 단어는 다음과 같이 표기한다.

"제이쿼리에서 .animate() 함수는 시간에 따라 현재 값부터 새로운 값으로 프로퍼티를 변경한다."

코드 블록은 다음처럼 나타낸다.

```
$("#myElementId")
.animate({top: 200})
.animate({left: 200})
.dequeue();
```

코드 블록에서 강조하고 싶은 부분은 굵게 표시한다.

```
gf.keyboard = [];
// 키보드 상태 핸들러
$(document).keydown(function(event){
    gf.keyboard[event.keyCode] = true;
});
$(document).keyup(function(event){
    gf.keyboard[event.keyCode] = false;
});
```

커맨드라인 입력은 다음처럼 쓰였다.

```
# cp /usr/src/asterisk-addons/configs/cdr_mysql.conf.sample
/etc/asterisk/cdr_mysql.conf
```

메뉴나 다이얼로그 박스 같은 화면에 나타나는 글은 다음처럼 표시한다.

"다음 그림은 일반적인 1차원의 겹치는 부분을 보여준다. i로 표시된 부분이 a, b 선분의 겹치는 부분이다."

 경고나 중요한 노트는 박스 안에 이와 같이 표시한다.

 팁과 트릭은 박스 안에 이와 같이 표현한다.

독자 의견

독자로부터의 피드백은 항상 환영이다. 이 책에 대해 무엇이 좋았는지 또는 좋지 않았는지 소감을 알려주기 바란다. 독자 피드백은 독자에게 필요한 주제를 개발하는 데 매우 중요하다.

일반적인 피드백을 우리에게 보낼 때는 간단하게 feedback@packtpub.com으로 이메일을 보내면 되고, 메시지의 제목에 책 이름을 적으면 된다.

여러분이 전문 지식을 가진 주제가 있고, 책을 내거나 책을 만드는 데 기여하고 싶으면 www.packtpub.com/authors에서 저자 가이드를 참조하기 바란다.

고객 지원

팩트 출판사에서는 여러분들이 구매한 도서를 최대한 활용하는 데 도움이 될 만한 여러 가지 서비스를 제공하고 있다.

예제 코드 다운로드

구입한 모든 Packt 도서의 예제 코드 파일은 http://www.packtpub.com에서 독자 계정을 통해 다운로드할 수 있다. 이 책을 구입했다면 http://www.packtpub.com/support를 방문한 후 등록하면 직접 이메일로 파일을 받을 수 있다. 에이콘 출판사의 도서정보 페이지인 http://www.acornpub.co.kr/book/jquery-game에서도 예제 코드를 다운로드할 수 있다.

오탈자 처리

내용을 정확하게 전달하려고 최선을 다했지만 실수가 있을 수 있다. 팩트 출판사의 책에서 코드나 글에 문제가 있다고 생각할 때 알려주면 정말 좋겠다. 이런 식으로 참여해주면 다른 독자에게도 도움이 되고, 책의 다음 판에서 보강할 수 있을 것이다. 오자를 발견한다면 http://www.packtpub.com/submit-errata를 방문해 이 책을 선택하면 나오는 정오표 제출 양식에 오류 정보를 기입해 알려주기 바란다. 보내준 내용을 확인한 뒤 웹사이트에 올리거나, 해당 서적의 정오표 부분에 추가하겠다. http://www.packtpub.com/support에서 해당 도서를 선택하면 지금까지의 정오표를 확인할 수 있다. 한국어판은 에이콘출판사의 도서정보 페이지 http://www.acornpub.co.kr/book/jquery-game에서 찾아볼 수 있다.

저작권 침해

저작권 침해는 모든 인터넷 매체에서 벌어지고 있는 심각한 문제다. 팩트 출판사에서는 저작권과 라이선스 문제를 아주 심각하게 인식하고 있다. 어떤 형태로든 팩트 출판사 서적의 불법 복제물을 인터넷에서 발견했다면 적절한 조치를 취할 수 있게 해당 주소나 사이트 명을 즉시 알려주길 부탁한다. 의심되는 불법 복제물의 링크를 copyright@packtpub.com으로 보내주기 바란다.

저자와 더 좋은 책을 위한 팩트 출판사의 노력을 배려하는 마음에 깊은 감사의 뜻을 전한다.

질문

이 책에 관련된 질문이 있다면 questions@packtpub.com을 통해 문의하기 바란다. 최선을 다해 질문에 답해 드리겠다. 한국어판에 관한 질문은 이 책의 옮긴이나 에이콘출판사 편집팀(editor@acornpub.co.kr)으로 문의해주길 바란다.

1

게임을 위한 제이쿼리

지난 몇 년 사이, 제이쿼리jQuery는 자바스크립트 개발에 가장 기본적인 프레임워크가 되었다. 사용자들이 가장 많이 방문하는 10,000개의 웹사이트 중 55% 이상이 제이쿼리를 사용할 뿐만 아니라 인터넷에 존재하는 2,400만여 개의 웹사이트가 제이쿼리를 사용할 것이라 예상한다(자세한 정보는 http://trends.builtwith.com/javascript/jQuery를 참고). 이런 추세는 멈출 기미를 보이지 않고 있다.

이 책은 제이쿼리에 대한 사전 지식을 요구한다. 제이쿼리에 대한 경험이 없다면 『Learning jQuery』(Jonathan Chaffer, Karl Swederg 저, Packt 출판사)를 먼저 읽어보길 바란다.

1장에서는 제이쿼리의 특징을 간략하게 살펴본 뒤 게임과 관련된 기능을 좀 더 중점적으로 알아볼 것이다. 기존에 제이쿼리를 사용해본 적이 있더라도, 각 기능에 대해서 완벽히 알고 있진 않으리라 생각한다. 1장에서 다룰 내용은 다음과 같다.

- 제이쿼리의 특징
- 엘리먼트를 움직이는 데 도움이 될 함수
- 이벤트 핸들링
- 돔DOM, Document Object Model 조작

제이쿼리의 방식

제이쿼리의 철학은 기존에 있던 다른 자바스크립트 프레임워크들과 다르다. 제이
쿼리에서 사용되는 디자인 패턴은 읽기 쉽고 효율적인 코드를 작성하는 데 있다.
이 같은 디자인 패턴은 이어지는 절에서 상세히 다루겠다.

체이닝

대부분 제이쿼리 표현은 다음 형식을 따른다. 하나의 셀렉션Selection 뒤에 1개 또
는 그 이상 액션Action이 따라간다. 이렇게 여러 개의 액션이 결합되는 방법을 체이
닝Chaining이라 한다. 체이닝은 제이쿼리를 가장 우아하게 만드는 면 중 하나다. 제
이쿼리 초보자가 엘리먼트 너비를 300픽셀, 높이를 100픽셀로 설정할 때 보통 다
음처럼 쓴다.

```
$("#myElementId").width(300);
$("#myElementId").height(100);
```

체이닝으로 다음과 같이 나타낼 수 있다.

```
$("#myElementId").width(300).height(100);
```

체이닝을 쓰면 많은 장점이 있다. 우선 엘리먼트를 한 번만 선택하고도 더욱 간결
하고 이해가 쉬운 코드를 얻을 수 있다. 사용자가 엘리먼트 크기를 변경하고 싶을
때, 단 한 줄로 압축시켜 표현할 수 있다.

체이닝을 쓸 수 있는 함수는 같은 오브젝트에 대한 요청을 묶을 수 있게 해준다.
또한, 여러 가지 방법을 통해 체인에 있는 다른 함수가 동작할 오브젝트를 바꿀 수

있다. 체이닝으로 오브젝트를 바꾼 경우에는, 기존 들여쓰기 단계보다 한 단계 더 들여 써서 같은 엘리먼트에서 작동하는 것이 아니라는 것을 명확히 한다.

예를 들어 다음 코드를 보면, 처음 체인과 연결된 엘리먼트는 배경색을 빨강으로 설정하고 있다. 그 다음 체인에서 앞의 엘리먼트에서 자식을 선택하도록 변경하고, 자식의 엘리먼트 배경색을 노란색으로 변경한다.

```
$("#myElementId").css("background-color", "red")
   .children().css("background-color", "yellow");
```

잘못된 결과를 방지하기 위해, 현재 어떤 엘리먼트와 인터렉션하고 있는지 지속적으로 파악하는 것이 중요하다.

다형성

제이쿼리는 다형성을 독특한 방식으로 사용한다. 함수에 전달하는 인자의 수에 따라 여러 가지 방법으로 작동한다. 먼저 .css() 함수에 대해 살펴보자. 문자열 형식의 인자 하나로 호출하면, 함수는 입력한 인자에 대한 css 프로퍼티를 가져와 반환하는 getter로 동작한다.

예를 들면, 다음은 주어진 엘리먼트의 왼쪽 포지션 값을 찾아온다(포지션이 절대값으로 입력되었다고 가정).

```
var elementLeft = $("#myElementId").css("left");
```

그러나 두 번째 인자도 넘겨주게 되면, .css() 함수는 css 프로퍼티 값을 설정하는 setter처럼 행동하게 된다. 흥미로운 점은 두 번째 인자는 함수가 될 수도 있다는 점이다. 이 경우는 함수가 반환한 값이 css 프로퍼티에 설정할 값이 된다.

다음 코드가 그 예다. 두 번째 인자의 함수가 왼쪽 포지션 값을 받아서 1 증가시키는 역할을 한다.

```
$("#myElementId").css("left", function(index, value){
   return parseInt(value)+1;
});
```

잠깐, 아직 더 있다! 함수에 오브젝트 리터럴만 인자로 전달하면 여러 가지 css 프로퍼티와 적용할 값을 가진 맵으로 간주한다. 다음 예제는 좌측과 상단 위치를 각각 100픽셀로 설정한다. 이처럼 단 한번의 호출로 다수의 css 프로퍼티를 변경할 수 있다.

```
$("#myElementId").css({
    left: 100,
    top: 100
});
```

문자열을 JSON와 같은 형식처럼 오브젝트 구문을 key와 value로 사용할 수 있다.

제이쿼리 API 웹사이트에서 함수를 호출하는 모든 방법에 대해 찾을 수 있다 (http://api.jquery.com).

이제 게임 개발에 필요한 몇 가지 함수에 대해 알아보자.

물체 이동

체이닝은 애니메이션 기능에서 조금 차이가 있다. 실제로 게임에서 제이쿼리 애니메이션 함수를 쓰지 않더라도 그 독특한 작동 방식을 알아둬야 나중에 기이하게 움직이더라도 이해할 수 있다.

체이닝 애니메이션

제이쿼리에서 .animate() 함수는 시간에 따라 현재 값부터 새로운 값으로 프로퍼티를 변경한다. 예를 들어 대표적인 효과로는 왼쪽으로 10픽셀 이동하거나 높이를 바꾸는 것이다. 앞서 설명한 코드처럼 다음 코드는 div(DOM division element)의 위치를 left = 200px, top = 200px로 대각선으로 이동시킨다는 것을 알 수 있다.

```
$("#myElementId").animate({top: 200}).animate({left: 200});
```

하지만, 앞의 코드는 생각하는 대로 작동하지 않는다! 대신에 레이어(div)는 우선 top = 200px로 이동하고 그 뒤에 left = 200px로 이동한다. 이것을 큐잉_{queueing}이라고 한다. Animate에 대한 각 호출이 큐에 들어가고, 큐의 작업이 모두 끝날 때까지 하나씩 차례대로 실행된다. 동시에 두 개의 동작이 실행되게 하고 싶으면(앞의 예에서는 대각선으로 이동) 다음처럼 .animate()를 한 번만 호출해야 한다.

```
$("#myElementId").animate({top: 200,left: 200});
```

다른 방법으로, .animate() 함수에 애니메이션을 큐에 넣지 않겠다고 분명하게 명시하는 방법이 있다.

```
$("#myElementId").animate({top: 200}).animate({left: 200},
{queue: false});
```

다른 함수도 마찬가지로 적용할 수 있음을 명심하자. 예를 들어 다음 함수는 실제로는 .animate() 함수의 래퍼_{wrapper}다.

- fadeIn()와 fadeOut(), fadeTo()
- hide()와 show()
- slideUp()와 slideDown()

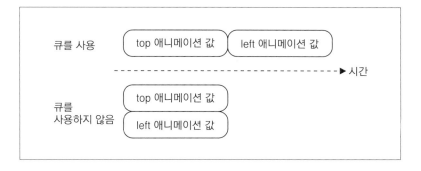

큐 관리

다음은 큐 애니메이션을 다룰 수 있는 함수들이다.

.stop( )

`.stop()` 함수는 현재 큐에 있는 애니메이션을 정지한다. 호출할 때 인자를 넣으면 큐를 비우게 할 수 있고, 엘리먼트가 움직이는 것을 멈추고 제 자리에 머물게 하거나 목적지로 바로 점프할지 정의할 수 있다.

.clearQueue( )

`.clearQueue()` 함수는 지금 큐에서 진행되는 애니메이션부터 그 뒤 모든 애니메이션까지 전부 제거한다.

.dequeue( )

`.dequeue()` 함수는 큐에 있는 다음 애니메이션을 시작한다. 함수를 호출하는 순간 애니메이션을 동작하고 있으면, 실행하고 있는 애니메이션이 끝난 것처럼 새로운 애니메이션을 시작한다. 예를 들어, '물체 움직이기' 섹션에서 첫 번째 예제코드를 살펴보자. 다음과 같이 예제코드 끝에 `dequeue()` 함수를 추가하면, 실제로 엘리먼트가 대각선으로 움직이기 시작할 것이다.

```
$("#myElementId")
.animate({top: 200})
.animate({left: 200})
.dequeue();
```

.delay( )

`.delay()` 함수는 큐에 있는 애니메이션 간에 잠시 멈추게 한다. 예를 들어 `.fadeIn()`으로 엘리먼트를 보이는 상태로 만들고 2초 기다렸다가, `.fadeOut()`으로 사라지게 만들고 싶으면, 다음과 같이 적으면 된다.

```
$("#myElementId").fadeIn().delay(2000).fadeOut();
```

큐의 다른 사용법

큐는 애니메이션에만 사용하지 않는다. 구체적으로 명시하지 않았다면, 다른 함수가 조작한 큐는 fx 큐다. fx 큐는 애니메이션에서 기본적으로 사용하는 큐다. 하지만, 원한다면 다른 큐를 만들고 여러 개의 커스텀 함수를 추가할 수 있다. 그리고 게임에서 시간에 의존적인 행동에 대한 스크립트를 지연할 수 있다.

이벤트 핸들링

제이쿼리를 예전에 써봤으면 .click()을 사용해본 적이 있을 것이다. .click()은 제이쿼리에서 마우스 클릭에 대응되는 이벤트 핸들러를 정의하는 데 사용한다. click()뿐 아니라 키보드 입력과 폼 제출, 창 크기 변경도 관련된 이벤트 핸들러가 있다. 그러나 전부 다 살펴보지는 않을 것이다. 대신에 제이쿼리에서 이벤트를 핸들링하는 좀 더 '로우레벨' 함수를 상세히 다루고 로우레벨 함수와 .click()과 같은 역할을 하는 함수 간의 그 미묘한 차이에 대해 정확히 알아볼 것이다.

일반적으로 이벤트 핸들링 함수는 마우스나 키보드 입력과 같은 게임의 컨트롤을 구현하는 데 사용한다.

.bind()

.bind() 함수는 이벤트를 핸들링하는 가장 기본적인 방법이다. 예를 들면 .click()은 단지 .bind() 함수에 감싼 래퍼 함수다. 다음 예제 2줄은 정확히 같은 효과를 낸다.

```
$("#myElementId").click(function(){alert("Clicked!")});
$("#myElementId").bind('click', function(){alert("Clicked!")});
```

하지만, bind 사용에는 제한이 있다. 다른 모든 제이쿼리 함수와 마찬가지로, 선택한 엘리먼트에만 적용된다. 지금부터 사용자가 주어진 클래스의 링크를 클릭할 때마다 어떤 작업을 실행시키고 싶다고 가정해보자. 아마도 다음과 같이 작성할 것이다.

```
$(".myClass").click(function(){/** 어떤 작업 **/});
```

위 코드는 의도한 대로 잘 작동할 것이다. 하지만, 위의 코드가 실행될 때 현재 웹 페이지에 보여지는 링크에만 작동한다. Ajax 호출로 페이지의 콘텐츠를 바꾸게 되면, 새로운 콘텐츠도 위 클래스와 같은 링크를 가지고 있을까? 새로운 링크도 같은 효과를 적용하기 위해서는 위 코드도 한 번 더 실행하도록 해야 한다!

이처럼 다시 실행하도록 하는 것은 이상적인 상황과 거리가 멀다. 나중에 다시 호출하기 위해서 기존에 정의했던 모든 이벤트 핸들러와 페이지 내에서 바꾸고 싶은 콘텐츠까지 모두 수동으로 추적해야 하기 때문이다. 이런 과정은 잘못하기도 쉽고 결국에는 일관성이 없는 결과를 만들게 된다.

이런 문제는 다음 섹션에서 자세히 설명할 .delegate()로 해결할 수 있다.

.delegate()

.delegate()로 부모 노드에 이벤트를 핸들링하는 임무를 맡길 수 있다. 모든 엘리먼트가 해당 노드에 자식으로 추가되는 경우에도(바로 아래 자식이거나 다른 경우에도) 여전히 대응되는 핸들러가 실행되는 것을 볼 수 있다.

다음 코드는 앞서 설명한 예제에서 나중에 링크가 추가되어도 작동할 수 있도록 수정한 코드다. 여기서는 모든 링크가 id 어트리뷰트가 page인 div의 자식인 것으로 보았다.

```
$("#page").delegate(
".myClass",
"click",
function(){/** 어떤 작업 **/});
```

위 방법이 문제를 해결하는 가장 우아한 방법이다. 그리고 게임에서 스프라이트 sprite에 클릭하는 것을 만드는 경우에 매우 편리하다.

이벤트 핸들러 제거

이벤트 핸들러를 제거할 필요가 있다면, 간단하게 `.unbind()`와 `.undelegate()` 함수를 사용한다.

제이쿼리 1.7

제이쿼리 1.7부터 `.delegate()`와 `.bind()`가 `.on()`으로 대체되고 있다(그리고 핸들러를 지우는 데는 `.off()`가 되었다). `.on()`을 `.bind()`와 같이 동작할 수도 있는 `.delegate()` 함수라 생각하면 된다. `.delegate()`가 어떻게 작동되는지 안다면, `.on()`을 사용하는 데도 문제가 없다.

DOM 엘리먼트와 데이터 연결

게임에서 각각의 적에 대한 div 엘리먼트를 만든다고 하자. 게임에서 적의 목숨과 같은 숫자 값을 연결하고 싶을 것이다. 또한 오브젝트-지향Object-oriented 코드를 쓸 때도 객체와 데이터를 연결하고 싶을 수 있다.

제이쿼리는 DOM 엘리먼트와 데이터 연결을 하는 것을 간단한 메소드인 `.data()` 함수로 제공하고 있다. 이 메소드는 키와 값을 받는다. 키만 요청하면 값을 반환하여 받게 된다. 예를 들면, 아래 코드는 아이디가 enemy3인 엘리먼트에 "numberOfLife"라는 키에 숫자 값 3을 연결한다.

```
$("#enemy3").data("numberOfLife", 3);
```

아마도 이렇게 생각할 수 있다. "간단하게 내가 직접 DOM 엘리먼트에 값을 저장하면 되지 않을까?" 이런 생각에는 다음과 같이 좋은 반례를 얻을 수 있다. `.data()`를 사용하면 직접 사용하는 것과 달리 DOM과 값을 완전히 분리할 수 있다. 그러면 지워진 엘리먼트의 DOM과 연결된 메모리 해제를 못하는 상황을 더욱 쉽게 피할 수 있다. 가비지 컬렉터가 간혹 순환 참조를 계속 갖고 있어서 생기는 문제이기 때문이다.

HTML5 데이터 어트리뷰트(http://ejohn.org/blog/html-5-data-attributes/)를 사용해서 값을 정의해도 .data() 함수는 데이터를 찾을 수 있다.

하지만, 이런 함수를 호출하면 퍼포먼스 비용이 생긴다는 것을 기억해야 한다. 그리고 엘리먼트에 많은 값을 저장해야 한다면 각각의 키와 연결한 값들을 일일이 쓰는 것이 아니라 하나의 키에 오브젝트 구문으로 저장할 수 있다.

DOM 조작

제이쿼리로 게임을 만드는 동안 DOM Document Object Model에 노드를 추가하고 삭제하는 데 많은 시간을 쏟게 된다. 예를 들어 새로운 적을 추가하거나, 죽은 적을 지울 수 있다. 다음 섹션에서 앞으로 사용할 함수를 다루고 어떻게 동작하는지도 살펴볼 것이다.

.append()

이 함수는 현재 선택한 엘리먼트(또는 여러 개의 엘리먼트)에 자식 노드를 추가할 수 있게 한다. 이미 존재하는 DOM 엘리먼트(또는 엘리먼트 전체 계층)를 표현하는 HTML 코드로 된 문자열이나 노드를 가리키는 제이쿼리 엘리먼트도 인자로 갖는다. 예를 들어 ID가 "content"인 노드에 자식을 추가하고 싶다면 다음과 같이 적는다.

```
$("#content").append("<div>This is a new div!</div>");
```

이 함수에 문자열을 넣고 싶다면, 문자열 내용이 파싱된다는 것과 너무 자주 호출하고 아주 큰 문자열을 입력하면 퍼포먼스 이슈가 생길 수 있다는 것을 명심해야 한다.

.prepend()

이 함수는 완전히 .append()처럼 작동한다. 하지만, 새로운 콘텐츠를 맨 뒤에 추가하는 게 아니라 선택한 엘리먼트의 첫 번째 자식의 앞에 추가한다.

.html()

이 함수는 인자로 들어온 문자열로 내용을 선택한 노드의 내용으로 완전히 대체한다. 인자 없이 호출하면 선택한 엘리먼트 중 첫 번째 엘리먼트에 담긴 HTML 내용을 반환한다.

빈 문자열을 인자로 호출하면 선택한 노드의 모든 내용을 지운다. 이 방법은 .empty()를 호출해도 된다.

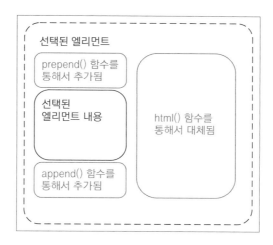

.remove()

이 함수는 단순히 선택된 모든 엘리먼트를 지우고 관련된 모든 이벤트 핸들러와 데이터를 등록 해제한다.

.detach()

몇몇 상황에서 우리는 짧은 시간에 내용을 지우고 다시 추가해야 할지 모른다. 이런 경우에 .remove()를 사용하는 것은 문제를 잘 해결했다 보기 어렵다. 정말 원하는 건 노드와 연결된 것 모두 잘 유지해서 나중에 추가할 때, 예전처럼 완벽하게 돌아가기를 원할 것이다. .detach()는 이런 상황을 위해 만들어졌다. .detach()는 .remove()처럼 작동하지만, 엘리먼트에 다시 삽입하기 쉽게 한다.

늘 궁금함을 가져라!

나는 정말 독자들이 직접 앞에서 설명했던 각각의 함수에 대한 API를 찾아 읽어보기를 권한다. 여기서 미처 설명하지 못한 인자의 종류들도 많기 때문이다. 앞서 설명한 함수들 중에 아직 명확하지 않은 게 있다면, 주저하지 말고 웹을 돌아다녀보기 바란다. 웹에는 함수들을 어떻게 사용하는지 알 수 있는 수많은 예제가 있다.

제이쿼리가 꽤나 인기 있는 라이브러리가 되고 웹 문화도 열린 문화가 되면서, 온라인에서 쉽게 많은 도움을 얻을 수 있을 것이다.

다음 웹사이트에서 제이쿼리에 대한 더 많은 정보를 찾을 수 있다.

● 제이쿼리 API 문서 웹사이트: http://api.jquery.com/

● Learning jQuery: http://www.learningjquery.com/

정리

1장에서 게임 개발에 가장 유용한 제이쿼리 함수들을 보고 어떻게 사용하는지 살펴보았다. 이제 제이쿼리의 철학과 문법에 친숙해져 있어야 한다. 2장에서는 1장에서 배운 것을 연습해보고 첫 번째 게임을 만들어 볼 것이다.

2

첫 게임 제작

주변의 전자기기를 둘러보면 브라우저가 실행될 수 있는 기기가 많다. 여러분은 브라우저가 설치된 PC나 포터블 디바이스를 하나 이상 가지고 있을 것이다. 게임을 브라우저에서 실행되게 하면 적은 비용으로 많은 사용자에게 배포할 수 있다.

브라우저에서 게임을 실행시키기 위한 플랫폼으로 플래시를 많이 써왔지만, 최근에는 그 입지를 많이 잃었다. 플래시에는 많은 장점과 단점이 있지만, 바꿀 수 없는 사실 하나는 적당한 실행 속도를 위해서 플러그인을 쓰지 않고 게임을 개발해야 한다는 것이다.

이 책의 목적은 2D 게임을 현재의 브라우저에서 원활히 실행될 수 있게 하는 것과 표준을 따르는 데 있다. 즉, 브라우저 업데이트가 게임을 실행되지 않게 하는 일이 없을 것이고, 많은 부분에서 여러 브라우저를 지원하기 위해 따로 신경 쓸 부분이 없을 것이다.

가까운 미래에 최신 3D 게임을 브라우저에서 실행할 수 있게 될 것이다. 잘 된다면 이 책은 그런 게임을 만들기 위한 기본 지식도 줄 수 있을 것이다.

2장에서는 다음 내용을 다룬다.

- 애니메이션되는 스프라이트 만들기
- 스프라이트 움직이기
- 에셋 프리로드preload하기
- 유한 상태 머신finite state machine을 이용해서 메인 게임 루프 구현하기
- 기본 충돌 감지

앞으로 작업하는 방식

게임을 만드는 것은 코드를 작성하자마자 그 결과를 눈으로 확인할 수 있다는 엄청난 장점이 있다. 그래서 이 책에서는 직접 실행되는 연습 예제를 통해서 모든 것을 배울 것이다. 2장에서는 고전적인 프로거Frogger 게임을 만들어 보면서 영감을 얻을 것이다. 3장부터는 롤 플레잉 게임(RPG)을 만들 것이다.

당신만의 버전으로 게임을 만들어보기를 바라고, 코드를 수정했을 때 어떤 효과를 주는지 확인하길 바란다. 이렇게 직접 짜보면서 배우는 것보다 좋은 방법은 없다.

게임 분석

지금 만들어 볼 게임은 프로거 게임에서 영감을 얻었다. 이 고전적인 아케이드 게임은 개구리를 조종해서 통나무와 자동차를 뛰어넘어 화면을 가로지르는 게임이다.

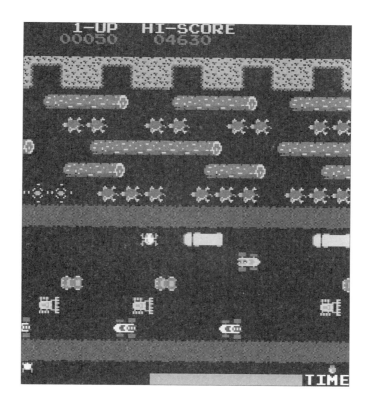

우리는 개발자를 조종해서 패킷을 뛰어넘어 네트워크 케이블을 가로지르며 버그를 피해 브라우저 '길'을 가로지르는 게임을 만들 것이다. 게임의 스펙을 요약하면 다음과 같다.

- 플레이어가 위 화살표 키를 한 번 누르면 '개구리'는 앞으로 한 칸 전진한다.

- 오른쪽과 왼쪽 화살표 키를 눌러서 수평 방향으로 움직일 수 있다.

- 첫 부분(네트워크 케이블)에서 플레이어는 화면 왼쪽에서 오른쪽으로 이동하는 패킷을 뛰어넘어야 한다. 각 패킷은 선에 연결되어 있고 각각 다른 속도로 움직인다. 플레이어가 패킷에 올라타면 패킷과 같이 움직이게 된다. 패킷이 플레이어와 같이 화면 바깥으로 나갈 때, 플레이어가 다른 패킷으로 점프해서 올라타지 않는다면 죽게 되고 다시 처음부터 같은 레벨을 플레이해야 한다.

- 뒷부분(브라우저 부분)에서 플레이어는 왼쪽에서 오는 버그들을 피해 브라우저 화면을 가로질러야 한다. 플레이어가 버그와 부딪히면 다시 처음부터 레벨을 플레이해야 한다.

굉장히 간단한 규칙의 게임이지만 여기서도 생각할 거리는 충분히 있다.

기본기 다지기

이 책에서는 DOM 엘리먼트를 이용해서 게임 요소를 그릴 것이다. 또 다른 방식은 캔버스 엘리먼트를 사용하는 것이다. 캔버스 엘리먼트를 이용하는 것은 DOM 엘리먼트를 이용하는 것에 비해 장단점이 있고, DOM 엘리먼트로 하지 못하는 것도 할 수 있다.

하지만, DOM 엘리먼트를 이용하면 초심자가 배우기 더 쉽고, 디버깅하기 편하며, 대부분의 브라우저에서 지원되며(인터넷 익스플로러 6도), 플레이 가능할 만한 속도를 낼 수 있다. 또 DOM 엘리먼트는 어떤 픽셀이 다시 그려져야 하는지도 알아서 처리해준다.

인터넷 익스플로러에서도 이 책 대부분의 기능이 동작하겠지만, 게임이 인터넷 익스플로러를 지원하도록 하는 것은 피하길 바란다. 인터넷 익스플로러는 시장에서 확실히 무시해도 될 만한 수준이고(http://www.ie6countdown.com/), 인터넷 익스플로러에서는 많은 성능 문제를 만나게 될 것이다.

스프라이트sprite는 전문 용어로, 게임에서 움직이는 부분을 말한다. 스프라이트는 애니메이션될 수도 있고 아닐 수도 있다(움직이면서 보이는 모습이 달라지거나 아니면 그냥 그대로 움직이기만 하느냐에 따라 달라짐). 게임의 다른 요소에는 배경, UI, 타일(4장에서 더 알아볼 것임) 등이 있다.

프레임워크

이 책에서 예제를 통해 장면을 표현하고 게임 규칙을 정의하는 코드를 꽤 작성할 것이다. 그리고 많은 코드는 많은 예제에서 재사용될 것이다. 그래서 게임의 기능들을 게임프레임워크gameFramework 혹은 짧게 gf로 부르는 프레임워크에 재구성할 것이다.

예제 코드 다운로드

Packt books 계정으로 책을 구입했다면 http://www.packtpub.com에서 예제를 다운로드할 수 있다. 다른 곳에서 책을 구입했다면 http://www.packtpub.com/support에 방문하여 등록하면 이메일로 직접 예제 파일을 전송해 준다. 에이콘출판사의 도서정보 페이지인 http://www.acornpub.co.kr/book/jquery-game에서도 예제 코드를 다운로드할 수 있다.

자바스크립트에서 네임스페이스를 만들기 위한 간단한 방법은 그저 객체를 만들고 거기에 직접 함수를 넣는 것이다. 다음 코드는 두 함수 shake와 stir이 네임스페이스 cocktail 안에 어떻게 나타나는지 보여준다.

```
// 네임스페이스 정의
var cocktail = {};

// 네임스페이스에 shake 함수 추가
cocktail.shake = function(){...}

// 네임스페이스에 stir 함수 추가
cocktail.stir = function(){...}
```

네임스페이스는 비슷한 이름의 함수가 다른 라이브러리와 충돌하는 것을 막아준다. 따라서 이제부터 네임스페이스에 추가하는 함수는 책의 뒷 부분에 나올 예제나 당신이 만들 게임에 다시 사용될 것들이다.

다음 코드는 네임스페이스의 또 다른 표현이다. 개인적으로 마음에 드는 형식의 코드를 사용하면 될 것이다.

```
var cocktail = {
    // 네임스페이스에 shake 함수 추가
    shake: function(){...},

    // 네임스페이스에 stir 함수 추가
    stir: function(){...}
};
```

일반적으로 프레임워크 코드는 JS 파일 하나(gameFramework.js라고 하자)에 작성하고, 게임에 관련된 코드는 다른 JS 파일에 작성한다. 게임을 공개할 때가 되면 모든 자바스크립트 코드(제이쿼리 파일도)를 하나의 파일로 만들어 압축하고 싶을 것이다. 하지만, 개발 중에는 각 파일을 따로 구성하는 게 더 편리할 것이다.

스프라이트

스프라이트는 게임의 기본 구성 요소다. 스프라이트는 기본적으로 애니메이션될 수 있는 이미지로 화면을 움직여 다닌다. 스프라이트는 어떠한 이미지 편집기로도 만들 수 있다. OS X에서 작업하고 있다면 무료에 잘 만들어진 Pixen(http://pixenapp.com/)을 사용해보라.

DOM을 이용해서 스프라이트를 그리는 많은 방법이 있다. 가장 뻔한 방법은 img 엘리먼트를 이용하는 것이다. 하지만, 몇 가지 불편한 점이 있다. 먼저 이미지를 애니메이션시킬 때인데, 두 가지 방법이 있지만 둘 다 문제가 있다.

- 애니메이션되는 GIF를 사용할 수 있다. 하지만, 자바스크립트에서 어떤 프레임이 재생중인지 알 수 있는 방법이 없고, 언제 애니메이션을 시작할지 등의 컨트롤이 불가능하다. 또한, 많은 GIF 파일은 브라우저 속도를 늦게 한다.
- 이미지 소스를 변경할 수 있다. 이 방법이 방금 설명한 방법보다 낫다. 하지만, 많은 수의 이미지를 변경할 때에 성능 손실이 많다.

다른 단점은 이미지에서 표시될 부분을 선택할 수 없다는 것이다. 항상 이미지 전체를 표시해야 한다. 반복되는 이미지로 스프라이트를 만든다면 많은 수의 img 엘리먼트를 사용해야만 한다.

img 엘리먼트에 장점도 있는데 그저 width와 height를 조정하는 것으로 이미지를 스케일할 수 있다.

해답은 div와 그 백그라운드 이미지를 이용하는 것이다. 애니메이션되는 스프라이트를 위해 백그라운드 이미지를 바꾸면 된다. 하지만, 이미지를 직접 바꾸는 것이 아니라 백그라운드 포지션만 CSS 프로퍼티로 바꾼다. 이 방법을 사용하면 스프라이트 시트는 보통 다음과 같은 모습이 된다.

다음 그림에 애니메이션 매커니즘이 표현되어 있다.

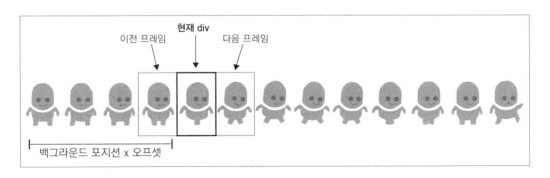

이렇게 하면 여러 애니메이션의 스프라이트를 하나의 스프라이트 시트에 만들 수 있다는 장점이 있다. 또 여러 개의 이미지를 불러와야 하는 것을 피할 수 있다. 이 방법으로도 여러 개의 스프라이트 시트를 만들어서 쓸 수 있지만, 그 수를 최소화하는 것이 좋다.

애니메이션 구현

애니메이션 구현은 매우 간단하다. .css() 함수를 이용해서 백그라운드 프로퍼티를 바꾸고 setInterval 함수로 애니메이션의 현재 프레임을 바꿔주면 된다. 걷기 반복 애니메이션 스프라이트 시트를 살펴보도록 하자. 이 스프라이트 시트는 너비 64, 높이 64픽셀의 프레임 4개로 구성되어 있다.

먼저 간단히 위의 스프라이트 시트를 배경으로 갖는 div를 만든다. div는 너비 64, 높이 64픽셀로 맞춘다. 그렇지 않으면 다음 프레임이 옆으로 새 보일 것이다. 다음의 예제는 스프라이트를 mygame이라고 ID를 붙인 div에 추가하는 것이다.

```
$("#mygame").append("<div id='sprite1'>");
$("#sprite1").css("backgroundImage","url('spritesheet1.png')");
```

기본적으로 백그라운드 이미지는 div의 왼쪽 위 모서리를 기준으로 정렬된다. 현재 걷기 반복 스프라이트의 첫 번째 프레임이 보이고 있을 것이다. 보이고 있는 프레임을 어떻게 바꿀 수 있을까. 다음의 함수는 백그라운드 포지션을 원하는 위치로 바꾼다. 다음 코드를 보고 인자들이 정확히 의미하는 바를 보도록 하자.

```
/**
 * 이 함수는 현재 프레임을 설정한다.
 * -divId: 프레임을 바꿀 div의 ID
 * -frameNumber: 프레임 넘버
 **/
gameFramework.setFrame = function(divId,frameNumber, frameDimension) {
    $("#"+divId)
        .css("bakgroundPosition", "" + frameNumber * frameDimension +
            "px 0px");
}
```

이제 이 함수를 정기적인 간격으로 호출해서 애니메이션을 할 수 있다. setInterval 함수로 60밀리초의 간격으로 반복할 것이고, 이는 초당 17프레임에 해당한다. 이 정도로 충분히 걷는 느낌을 줄 수 있다. 항상 프레임 속도를 정할 때는 스프라이트 시트에 맞춰서 충분히 숙고해야 한다. 애니메이션을 위해 setInterval 함수에 올바른 매개변수로 setFrame 함수를 호출하는 이름 없는 (anonymous) 함수를 인자로 넘길 것이다.

```
var totalNumberOfFrame = 4;
var frameNumber = 0;
setInterval(function(){
    gameFramework.setFrame("sprite1",frameNumber, 64);
    frameNumber = (frameNumber + 1) % totalNumberOfFrame;
}, 60);
```

현재 프레임을 계산하기 위해 특별한 방법을 썼다는 것을 눈치챘을 것이다. 목표는 값을 0에서 3 사이로(총 4프레임이므로) 값이 4가 되면 다시 0으로 반복되게 하는 것이다. 이를 위해 나머지 연산자(%)를 사용했고, 이는 정수 나눗셈의 나머지를 의미한다(유클리드 호제법이라고도 알려짐).

예를 들어 3 / 4는 몫 0에 나머지 3이고 이는 3 % 4 = 3이라는 뜻이다. 프레임이 4가 되면 4 / 4는 몫 1에 나머지가 0이 되어, 4 % 4 = 0이 된다. 이 매커니즘은 앞으로도 많은 상황에 쓰이게 될 것이다.

애니메이션을 프레임워크에 추가

앞에서 보듯 애니메이션을 생성하기 위해서는 많은 변수가 필요하다. 이미지의 URL과 프레임 개수, 그 차원, 애니메이션 재생 레이트rate, 현재 프레임이다. 이 변수들은 하나의 애니메이션에 속해 있다. 다른 애니메이션이 더 있다면 변수는 배로 더 필요할 것이다.

이를 위한 일반적인 방법은 오브젝트를 사용하는 것이다. 애니메이션 오브젝트를 만들고 그 변수들을 담는다(아직 메소드는 없음). 이 오브젝트는 전부 프레임워크에 종속되고 그러므로 gameFramework 네임스페이스에 넣을 것이다. 애니메이션의 모든 프로퍼티 변수를 인자로 넘기는 것이 아니라 간단히 오브젝트 하나를 넘기면 된다. 정의되지 않은 변수는 적당한 기본 값으로 정의한다.

이를 위해 제이쿼리는 매우 편리한 메소드 $.extend를 제공한다. 이는 매우 강력한 메소드로 더 자세한 것은 API 문서를 보면 알 수 있다(http://api.jquery.com/). 여기서 3개의 인자를 넘기는데, 첫 번째 인자로 넘긴 오브젝트가 두 번째 인자의 객체의 값을 기본 값으로 가지고, 세 번째 인자로 넘긴 오브젝트의 값들로 덮어써질 것이다.

```
/**
 * 애니메이션 오브젝트
 **/
gf.animation = function(options) {
    var defaultValues = {
        url : false,
        width : 64,
        numberOfFrames : 1,
        currentFrame : 0,
        rate : 30
    };
    $.extend(this, defaultValues, options);
}
```

이 함수를 사용해서 간단히 원하는 값으로 새 인스턴스를 만들 수 있다. 다음은 방금 본 예제의 값들을 이용한 코드다.

```
var firstAnim = new gameFramework.animation({
    url: "spritesheet1.png",
    numberOfFrames: 4,
    rate: 60
});
```

위에서 보듯 width: 64를 명시할 필요가 없다. 64가 기본 값이기 때문이다. 이 패턴은 매우 편리하고 매 번 기본 값에 대해 신경 쓸 필요가 없으며 오버라이드를 통해 유연성을 얻을 수 있다. 이 애니메이션 오브젝트를 통해 코드를 다음처럼 쓸 수 있다.

```
gf.setFrame = function(divId, animation) {
    $("#" + divId)
        .css("bakgroundPosition", "" + animation.currentFrame * animation.
            width + "px 0px");
}
```

이제 위의 애니메이션 오브젝트를 이용하는 새 함수를 프레임워크에 작성할 것이다. 이 함수는 스프라이트 애니메이션을 한 번 재생하거나 반복시킨다. 여기서 하나 주의해야 할 점은 이미 한 번 애니메이션을 시작한 스프라이트는 정지시키고 새 것으로 교체해야만 한다는 것이다.

이를 피하기 위해 인터벌interval 핸들을 저장하고 있어야 한다. 핸들이 존재한다면 지우고 다시 새로 정의하기만 하면 된다.

```
gf.animationHandles = {};
/**
 * 주어진 스프라이트로 애니메이션 세팅
 **/
gf.setAnimation = function(divId, animation, loop){
    if(gf.animationHandles[divId]){
        clearInterval(gf.animationHandles[divId]);
    }
    if(animation.url){
        $("#"+divId).css("backgroundImage","url('"+animation.url+"')"); }
    if(animation.numberOfFrame > 1){
        gf.animationHandles[divId] = setInterval(function(){
            animation.currentFrame++;
            if(!loop && currentFrame > animation.numberOfFrame){
                clearInterval(gf.animationHandles[divId]);
                gf.animationHandles[divId] = false;
            } else {
                animation.currentFrame %= animation. numberOfFrame;
                gf.setFrame(divId, animation);
            }
        }, animation.rate);
    }
}
```

이제 스프라이트 애니메이션을 위한 편리하고 유연하며 꽤 고수준의 방법을 만들어 냈다.

스프라이트 움직이기

이제 스프라이트가 어떻게 애니메이션되는지 알았으니, 스프라이트를 움직이게 해서 재미있게 만들어 보도록 하자. 스프라이트를 움직이기 위해 먼저 div를 절대 위치로 지정해야 한다. 이는 다음 두 이유로 매우 중요하다.

- 절대 위치가 아니라면 복잡한 장면에서 위치를 지정하기는 악몽에 가까울 것이다.

- 브라우저에서 엘리먼트 위치를 계산할 때 가장 가볍다.

그리고 게임에서 div에 상대적인 위치가 되어야 하는 스프라이트가 필요하다. 위치는 당연히 절대적absolutely이거나 상대적relatively이거나 고정fixed되어야 한다.

이 두 가지 조건이 만족되면 간단하게 CSS의 top과 left 속성으로 스프라이트가 어디에 나타날지 정할 수 있다. 다음 그림과 같다.

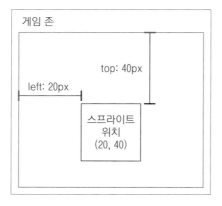

다음 코드는 컨테이너 div의 위치를 올바르게 지정하고 스프라이트를 추가한다.

```
$("#mygame").css("position", "relative").append("<div id='sprite1'
style='position: absolute'>");
```

이 코드 조각은 앞으로 많이 사용되게 될 것이므로 프레임워크에 함수로 넣을 것이다. 애니메이션을 만들 때처럼 오브젝트 구문을 이용해서 선택적인 인자를 정의할 것이다.

```
/**
* 첫 번째 인자의 div에 스프라이트를 추가한다.
**/
gf.addSprite = function(parentId, divId, options){
    var options = $.extend({
```

```
    x: 0,
    y: 0,
    width: 64,
    height: 64
}, options);
$("#"+parentId).append("<div id='"+divId+"' style='position:
    absolute; left:"+options.x+"px; top: "+options.y+"px; width:
    "+options.width+"px ;height: "+options.height+"px'></div>");
}
```

이제 X축과 Y축을 따라 스프라이트를 움직이는 함수를 작성한다. 보통 그래픽 프
로그래밍을 할 때에는 X축은 좌에서 우로, Y축은 상에서 하로 이동한다. 이 함수
는 어떤 ID의 엘리먼트를 움직일지, 그리고 어디로 움직일지를 받는다. 제이쿼리
함수가 작동하는 방식처럼 두 번째 인자를 넣지 않는다면 현재 위치를 리턴하도록
하자.

```
/**
 * X축을 따라 위치를 지정하거나 현재 위치를 리턴한다.
 **/
gf.x = function(divId,position) {
    if(position) {
        $("#"+divId).css("left", position);
    } else {
        return parseInt($("#"+divId).css("left"));
    }
}
/**
 * Y축을 따라 위치를 지정하거나 현재 위치를 리턴한다.
 **/
gf.y = function(divId,position) {
    if(position) {
        $("#"+divId).css("top", position);
    } else {
        return parseInt($("#"+divId).css("top"));
    }
}
```

이 간단한 세 함수로 게임에서 그래픽을 만들기 위한 기본적인 도구는 모두 갖추
었다.

프리로딩

하지만, 아직 에셋 로딩이라는 문제가 남아 있다. 게임이 시작되기 전에 아직 로드되지 않은 이미지가 있다면 로드를 먼저 끝낼 필요가 있다. 대부분의 유저는 게임을 시작할 때에 로딩이 될 것이라고 생각한다. 그리고 로딩 과정의 진행 상황을 알고 싶어한다.

자바스크립트에서 각 이미지가 로딩이 완료될 때를 알 수 있다. 하지만, 여기에는 다른 이미지의 로딩 상황을 알 수 없다는 제한이 있다. 따라서 마지막 이미지에만 로딩 완료 콜백을 넣는 것으로 충분하지 않다. 이미지가 순서대로 로딩된다는 보장도 없고, 대부분의 경우 로딩은 동시 다발적으로 이루어진다.

많은 해결 방법이 있고 대부분 비슷하다. 이 코드는 대부분 게임 실행 전에 한 번만 돌아가므로 성능이 크게 중요하지 않다. 정말로 필요한 것은 모든 이미지의 로딩을 추적할 수 있는 안정되고 유연한 시스템이다.

우리는 프리로드할 이미지를 리스트에 추가하는 함수와 프리로딩을 시작하는 함수 두 개를 사용할 것이다.

```
gf.imagesToPreload = [];
/**
 * 프리로드할 이미지를 리스트에 추가
 **/
gf.addImage = function(url) {
    if ($.inArray(url, gf.imagesToPreload) < 0) {
        gf.imagesToPreload.push();
    }
    gf.imagesToPreload.push(url);
};
```

이 함수는 하는 게 별로 없다. 간단히 URL을 받아서 이미 추가된 이미지인지 확인하고 새 이미지라면 리스트에 추가한다.

다음 함수는 콜백 두 개를 받는다. 첫 번째 콜백은 이미지가 전부 로딩이 되었을 때 호출되고 두 번째 콜백은 (정의를 했다면) 현재 로딩 상황을 퍼센트로 알린다.

```
/**
 * 이미지 프리로딩 시작
 **/
gf.startPreloading = function(endCallback, progressCallback) {
    var images = [];
    var total = gf.imagesToPreload.length;
    for (var i = 0; i < total; i++) {
        var image = new Image();
        images.push(image);
        image.src = gf.imagesToPreload[i];
    }
    var preloadingPoller = setInterval(function() {
        var counter = 0;
        var total = gf.imagesToPreload.length;
        for (var i = 0; i < total; i++) {
            if (images[i].complete) {
                counter++;
            }
        }
        if (counter == total) {
            // 모두 완료!
            clearInterval(preloadingPoller);
            endCallback();
        } else {
            if (progressCallback) {
                count++;
                progressCallback((count / total) * 100);
            }
        }
    }, 100);
};
```

함수 시작 부분에서 리스트의 모든 URL을 Image 오브젝트로 만들었다. 그리고 정기적으로 실행되는 함수를 정의했다. 이 함수는 각 이미지가 로딩이 완료되었는지를 확인할 때 쓰인다. 로딩이 완료된 이미지의 개수가 전체 이미지의 개수와 같다면 프리로딩이 완료된 것이다.

애니메이션에 사용될 이미지를 프리로드 리스트에 자동으로 추가하면 편리할 것이다. 이를 위해 애니메이션 오브젝트 끝에 다음 세 줄의 코드만 있으면 된다.

```
gf.animation = function(options) {
    var defaultValues = {
        url : false,
        width : 64,
        numberOfFrames : 1,
        currentFrame : 0,
        rate : 30
    };
    $.extend(this, defaultValues, options);
    if(this.url){
        gf.addImage(this.url);
    }
}
```

게임 초기화

게임 프레임워크 구성은 다 되었다. 이제 그래픽적인 부분과 게임 로직을 구현해야 한다. 게임 코드는 처음에 한 번 실행되는 부분과 주기적으로 호출할 두 부분으로 나눌 수 있다. 처음에 한 번 실행되는 코드를 초기화라고 부를 것이다.

초기화는 이미지 로딩이 끝나자마자 실행할 것이므로 startPreloading 함수의 완료 콜백으로 넘길 것이다. 이는 맨 처음에 사용할 모든 이미지를 프리로드 리스트에 추가해야 함을 의미한다. 유저가 게임을 처음 시작했을 때(예를 들면 startButton 이라는 ID를 가진 이미지를 클릭했을 때) 프리로더를 호출할 것이다.

다음 코드는 표준적인 제이쿼리로 페이지가 준비되었을 때 함수를 실행하는 코드다. 여기에 완전한 코드를 적지는 않을 것이다. 코드는 좀 반복되는 부분이 있어서 각 액션 하나하나에 해당하는 코드를 하나 정도만 적을 것이다. 전체 코드가 궁금하다면 언제든지 확인하면 된다.

```
$(function() {
    var backgroundAnim = new gf.animation({
        url : "back.png"
    });
    var networkPacketsAnim = new gf.animation({
        url : "packet.png"
    });
    var bugsAnim = new gf.animation({
        url : "bug.png"
    });
    var playerAnim = new gf.animation({
        url : "player.png"
    });
    var initialize = /* 이 함수는 나중에 정의할 것임 */
    $("#startButton").click(function() {
        gf.startPreloading(initialize);
    });
});
```

다음 목록은 초기화 함수에서 해야 할 일이다.

- 게임 장면을 구성하는 스프라이트 만들기
- GUI 엘리먼트 만들기

다음 다이어그램은 게임 장면을 어떻게 구성할지 나타낸다.

스프라이트는 배경 1개, 플레이어 1개, 네트워크 패킷 3개, 버그 3개의 총 8개를 사용한다. 간단하게 하기 위해 네트워크 패킷들은 같은 스프라이트를 사용하고 버그도 하나의 같은 스프라이트를 사용한다. 패킷 세 개는 같은 애니메이션을 가지고 있고 버그 세 개도 그러하다.

엘리먼트가 추가될 때 갑자기 화면에 나타나지 않게 하기 위해, 먼저 엘리먼트를 보이지 않게 만들고 스프라이트가 만들어졌을 때 나타내도록 한다.

하나의 GUI 엘리먼트는 플레이어의 남은 목숨 수를 표시하는 작은 div이다.

```
var initialize = function() {
    $("#mygame").append("<div id='container' style='display: none;
        width: 640px; height: 480px;'>");
    gf.addSprite("container","background",{width: 640, height: 480});
    gf.addSprite("container","packets1",{width: 640, height: 40, y: 400});
    /* 기타 등 */
    gf.addSprite("container","player",{width: 40, height: 40, y: 440, x:
        260});
    gf.setAnimation("background", backgroundAnim);
    gf.setAnimation("player", playerAnim);
    gf.setAnimation("packets1", networkPacketsAnim);
    /* 기타 등 */
    $("#startButton").remove();
    $("#container").append("<div id='lifes' style='position: relative;
        color: #FFF;'>life: 3</div>").css("display", "block");
    setInterval(gameLoop, 100);
}
```

이 함수 마지막 줄은 메인 루프를 시작하는 코드다. 메인 루프는 주기적으로 실행되는 코드이다. 이 함수는 플레이어 입력에 직접적으로 반응하지 않는 대부분의 게임 로직(전부는 아니다)을 담고 있다.

메인 루프

메인 루프는 일반적으로 유한 상태 머신FSM을 담고 있다. FSM은 일련의 상태와 한 상태에서 다른 상태로 전이하는 목록으로 정의되어 있다. 세 개의 박스를 클릭하는 간단한 게임의 FSM은 다음처럼 나타날 것이다.

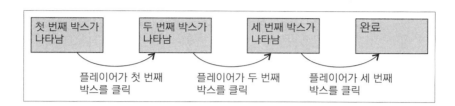

FSM을 구현할 때 게임이 각 상태에서 어떤 행동을 할지와 새 상태로 전이되는 조건의 두 가지가 중요하다. FSM의 장점은 게임의 로직을 구성할 수 있는 정상적인 방법이라는 것이다. 이는 코드를 더 읽기 쉽게 만들고 나중에 로직을 추가하거나 수정할 수 있게 해준다. 게임을 만들 때 FSM을 그려보기를 추천한다. 이는 게임을 디버그할 때도 도움을 준다.

우리 프로거 게임은 10가지 상태를 가지고 있다. 초기 상태는 START이고 두 가지의 최종 상태인 GAMEOVER와 WON이 있다. 다음은 각 상태에서 정확히 어떤 일이 일어나는지 설명한다.

- 모든 상태: 패킷들과 버그들은 오른쪽으로 움직인다.
- STARTPOS: 아무 일도 일어나지 않는다.
- LINE1: 플레이어는 첫 번째 줄의 패킷과 같은 속도로 움직인다. 플레이어가 화면 바깥으로 나가면 죽게 되고 다시 START로 돌아간다.
- LINE2: 플레이어는 두 번째 줄의 패킷과 같은 속도로 움직인다. 플레이어가 화면 바깥으로 나가면 죽게 되고 다시 START로 돌아간다.
- LINE3: 플레이어는 세 번째 줄의 패킷과 같은 속도로 움직인다. 플레이어가 화면 바깥으로 나가면 죽게 되고 다시 START로 돌아간다.

- REST: 별로 특별한 일이 일어나지 않는다.

- LINE4: 플레이어가 버그와 부딪히면 죽게 되고 다시 REST로 돌아간다.

- LINE5: 플레이어가 버그와 부딪히면 죽게 되고 다시 REST로 돌아간다.

- LINE6: 플레이어가 버그와 부딪히면 죽게 되고 다시 REST로 돌아간다.

- WON과 GAMEOVER: 별로 특별한 일이 일어나지 않는다.

WON과 GAMEOVER 상태를 제외하면 플레이어는 움직여 다닐 수 있다. 이는 다음 전이를 통해 유발된다.

- 점프 성공: 다음 상태로 이동한다.

- 좌/우로 슬라이딩 성공: 현재 상태에 있는다.

- 점프 실패 혹은 좌/우 슬라이딩 실패: 남은 목숨이 0보다 크면 '안전한' 상태 (START 혹은 REST)로 돌아간다. 다른 경우 GAMEOVER로 전이한다.

메인 루프 구현

가장 읽기 좋게 작성하는 방법은 switch 구문을 사용하는 것이다. 게임을 업데이트하는 메인 루프와 키보드 입력을 핸들링하는 부분의 두 가지를 사용할 것이다.

다음의 코드는 메인 루프 부분이다. 먼저 게임의 행동을 결정할 몇 개의 변수를 초기화하고 FSM을 표현한다. 패킷과 버그를 움직이기 위해 background-position을 바꾸는 간단한 트릭을 사용할 것이다. 이는 앞에서 작성한 함수보다 유연성이 떨어지는 방법이지만 이 경우에는 더 빠르고 더 쉽게 무한한 숫자의 엘리먼트를 하나의 스프라이트만으로 표현할 수 있는 방법이다.

```
var screenWidth = 640;
var packets1 = {
    position: 300,
    speed: 3
}
/* 기타 등 */
var gameState = "START";
```

```
var gameLoop = function() {
    packets1.position += packets1.speed;
    $("#packets1").css("background-position",""+ packets1.position +"px 0px");
    /* 기타 등 */
    var newPos = gf.x("player");
    switch(gameState){
        case "LINE1":
            newPos += packets1.speed;
            break;
        case "LINE2":
            newPos += packets2.speed;
            break;
        case "LINE3":
            newPos += packets3.speed;
            break;
    }
    gf.x("player", newPos);
};
```

여기에 화면에서 움직이는 모든 부분이 나와 있다. 이 코드에는 플레이어가 아바
타를 조종하는 어떤 부분도 들어있지 않다. 이것은 keydown 이벤트 핸들러에서 할
것이다. 스프라이트를 움직이기 위해 두 가지 다른 방법이 있다. 수평 방향의 움직
임을 위해 앞에서 만든 gf.x 함수를 이용한다. 이는 아주 작은 움직임에서는 괜찮
지만, 세로 방향의 점프에는 목적지까지 좀 더 많은 단계로 나누어 부드럽게 움직
이게 하기 위해서 $.animate를 사용한다.

```
$(document).keydown(function(e){
    if(gameState != "WON" && gameState != "GAMEOVER"){
        switch(e.keyCode){
            case 37: // 좌
                gf.x("player",gf.x("player") - 5);
                break;
            case 39: // 우
                gf.x("player",gf.x("player") + 5);
                break;
            case 38: // 점프
                switch(gameState){
```

```
              case "START":
                $("#player").animate({top: 400},function()
                {
                    gameState = "LINE1";
                });
                break;
              case "LINE1":
                $("#player").animate({top: 330},function()
                {
                    gameState = "LINE2";
                });
                break;
            /* 기타 등 */
              case "LINE6":
                $("#player").animate({top: 0},function(){
                    gameState = "WON";
                    $("#lifes").html("You won!");
            });
                break;
            }
        }
    }
});
```

여기서 플레이어가 다음 상태로 넘어갈 수 있는지 확인한다. 그리고 눌린 키를 확인한다. 왼쪽과 오른쪽은 자명하지만, 점프는 좀 미묘하다.

플레이어가 점프를 할 수 있는 위치를 찾아야 한다. 애니메이션이 끝났을 때 한 번만 순서대로 게임의 상태를 업데이트하는 콜백을 애니메이션 함수에 전달한다.

이제 플레이어를 조종할 수 있다. 패킷으로 플레이어가 점프를 해서 같이 움직이며, 끝에 다다르면 게임에서 이기게 된다. 하지만, 플레이어가 죽는 경우를 고려하지 않았다. 이를 위해 플레이어가 위치한 곳이 안전한지 알아낼 수 있어야 한다.

충돌 검출

충돌을 검출하기 위해서 사용할 수 있는 방법이 몇 개 있지만 여기서는 이 게임에서만 쓸 수 있는 아주 간단한 방식을 사용할 것이다. 뒤에서 나올 장에서 좀 더 일반적인 방법을 보겠지만 지금 당장은 필요 없다.

이 게임에서 총 6개의 충돌할 수 있는 위치가 있다. 패킷이 있는 앞의 3줄과 버그가 움직이는 뒤의 3줄이다. 둘 다 완전히 같은 상황이다. 연속된 엘리먼트는 빈 공간으로 나누어져 있다. 각 엘리먼트의 거리는 그 크기와 같이 정해져 있다. 어느 패킷에서 점프해 왔는지 어느 버그와 부딪혔는지는 별로 중요치 않고 지금 플레이어가 위치한 곳이 패킷 위인지 혹은 버그와 부딪힌 곳인지만 알면 된다.

이 사실에서 앞에서 사용했던 나머지를 이용한 테크닉으로 문제를 간단하게 할 수 있다. 다음 상황을 고려할 것이다.

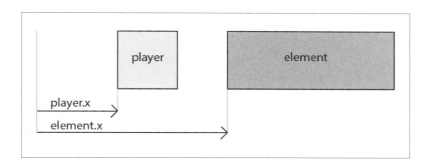

엘리먼트가 X축에서 어디에 위치하느냐를 비교하는 것만으로 플레이어가 엘리먼트와 닿았는지 닿지 않았는지를 알 수 있다.

다음 코드가 바로 그것이다. 먼저 어떤 충돌을 감지할지를 게임 상태에서 확인하고, 플레이어를 계산하기 간단하도록 나머지 연산을 사용한다. 마지막으로 플레이어의 위치를 검사한다.

```
var detectSafe = function(state){
    switch(state){
        case "LINE1":
            var relativePosition = (gf.x("player") - packets1.position) % 230;
            relativePosition = (relativePosition < 0) ?
                relativePosition + 230: relativePosition;
            if(relativePosition > 110 && relativePosition < 210) {
                return true;
            } else {
                return false;
            }
            break;
            /* 기타 등 */
        case "LINE4":
            var relativePosition = (gf.x("player") - bugs1.position) %
                190;
            relativePosition = (relativePosition < 0) ?
                relativePosition + 190: relativePosition;
            if(relativePosition < 130) {
                return true;
            } else {
                return false;
            } break;
            /* 기타 등 */
    }
    return true;
}
```

여기서 하나 주의해야 할 점은 나머지는 음수가 될 수 있다는 것이다. 그래서 간단
하게 확인하여 음수라면 너비를 한 번 더해서 다시 양수로 만들어 준다.

이 방법은 충돌을 검출하기 위한 꽤 빠른 방법이다. 수많은 충돌 검출 방법이 있
으므로 각 특정 상황에 알맞은 충돌 검출 방법이 있다면 직접 만들어서 사용할
수 있다.

이제 게임에서 이 함수를 호출하자. 메인 루프와 인풋 핸들러 두 곳에서 사용해야 한다. 플레이어가 죽은 것을 감지하면 목숨을 줄이고 알맞은 장소로 옮긴다. 그리고 플레이어 목숨이 더 남아 있지 않다면 GAMEOVER 상태로 바꾼다. 다음 코드가 이 내용이다.

```javascript
var life = 3;
var kill = function (){
    life--;
    if(life == 0) {
        gameState = "GAMEOVER";
        $("#lifes").html("Game Over!");
    } else {
        $("#lifes").html("life: "+life);
        switch(gameState){
            case "START":
            case "LINE1":
            case "LINE2":
            case "LINE3":
                gf.x("player", 260);
                gf.y("player", 440);
                gameState = "START";
                break;
            case "REST":
            case "LINE4":
            case "LINE5":
            case "LINE6":
                gf.x("player", 260);
                gf.y("player", 220);
                gameState = "REST";
                break;
        }
    }
}
```

이제 메인 루프에 충돌 감지를 추가한다. 그리고 플레이어가 패킷 위에서 화면 바깥으로 나가는 경우도 확인하도록 한다.

```
var newPos = gf.x("player");
switch(gameState){
    case "LINE1":
        newPos += packets1.speed;
        break;
        /* 기타 등 */
    }
    if(newPos > screenWidth || newPos < -40){
        kill();
    } else {
    if(!detectSafe(gameState)){
        kill();
    }
    gf.x("player", newPos);
}
```

인풋 핸들러에서 점프 애니메이션이 끝날 때 실행되는 콜백에 코드를 넣는다. 예를 들어 시작 지점에서 첫 번째 줄로 점프를 했을 때는 다음과 같이 충돌을 검사할수 있다.

```
case "START":
    $("#player").animate({top: 400},function(){
        if(detectSafe("LINE1")){
            gameState = "LINE1";
        } else {
            kill();
        }
    });
    break;
```

여기서 왜 gameState를 kill 함수에서 사용하지 않는지를 볼 수 있다. 이 경우 플레이어가 아직 이전 상태에 있다. 이는 아직 '착지하지' 않았다는 뜻이다. 오직 점프가 안전했을 때에만 다음 줄로 플레이어의 상태가 바뀔 수 있다.

정리

2장의 시작에서 정의한 게임의 스펙을 모두 구현했다. 코드는 아직 최적화되지 않았고 이는 3장에서 다룰 것이다. 게임을 좀 더 갈고 닦아서 멋진 플레이를 만들어야 한다. 최고 점수 시스템을 구현하거나, 소셜 네트워크와 연동하거나, 터치 디바이스와 호환되게 할 수 있다.

이런 주제는 다음에 나올 장에서 다루게 될 것이다. 하지만, 이미 배운 내용을 토대로도 게임을 더 좋게 만들 수 있다. 플레이어가 죽을 때 애니메이션을 넣거나, 더 멋진 GUI, 더 멋진 그래픽, 뒤로 점프할 수 있게 하거나, 더 많은 레벨 등을 만들 수 있다. 이런 작은 부분이 게임을 더욱 두드러지게 하며, 게임을 프로페셔널하게 완성할 수 있도록 시간을 투자해야 한다.

3

더 좋게, 더 빠르게, 하지만 더 어렵지는 않게

우리가 방금 만든 게임은 대부분의 디바이스와 브라우저에서 잘 돌아간다. 적은 숫자의 움직이는 스프라이트를 게임에 넣는 것은 별로 어렵지 않다. 하지만, 곧 바로 다음 장에서부터 만들게 될 더 복잡한 게임에서는 좋은 성능을 얻기 위한 최적화가 매우 중요하다.

3장에서는 2장에서 작성한 코드를 여러 측면에서 최적화할 것이다. 이런 최적화는 게임을 더 빠르게 만들고, 코드도 더 읽기 쉽게 해서 유지 보수도 간단해진다.

일반적으로 작은 기능을 성능에 신경 쓰지 않고 구현해 본 다음에 최적화를 하고, 기능을 더 추가하는 방법은 좋은 연습이 된다. 이는 성능 최적화를 위해 너무 많은 시간을 소비하지 않고도 더 빨리, 더 중요한 요소를 더 재미있게 구현할 수 있게 해준다.

3장에서 다음 항목들을 다룰 것이다.

- 인터벌과 타임 아웃 수 줄이기
- 키보드 폴링
- HTML 프래그먼트~fragment~ 쓰기
- 리플로우~reflow~ 피하기
- CSS 트랜스폼을 사용해 더 빠르게 스프라이트 옮기기
- 타임 아웃 대신에 requestAnimationFrame 쓰기

인터벌과 타임 아웃

우리 게임에서는 많은 수의 `setInterval`을 호출하였다. 이는 멀티스레드로 실행될 것 같지만 그렇지 않다. 자바스크립트는 엄격하게 싱글스레드로 동작한다(최근 추가된 WebWorker는 그렇지 않지만 여기서 다루지는 않을 것임). 즉, 실제로 모든 호출이 하나가 실행되고 그 다음에 다른 하나가 실행되는 식으로 이루어진다.

인터벌과 타임 아웃이 실제로 내부적으로 어떻게 동작하는지 자세하게 알고 싶다면 존 레식~John Resig~의 훌륭한 글인 '자바스크립트 타이머는 어떻게 동작하는가 (http://ejohn.org/blog/how-javascript-timers-work/)'를 읽어보길 권한다.

인터벌과 타임 아웃이 실제로 멀티스레드로 실행되지 않는 것도 있고, 다른 많은 이유로 인터벌과 타임 아웃을 많이 사용하는 것을 피해야 한다. 인터벌과 타임 아웃을 많이 쓰면 디버그가 힘들다. 정확히 호출이 몇 번이나 이루어지느냐에 따라 다르겠지만, 인터벌로 호출한 함수는 수행 순서가 달라질 수 있다. 게다가 수행 우선순위도 정할 수 없다.

또, 성능 측면에서 `setInterval`과 `setTimeout`은 오래된 브라우저에서 너무 많은 자원을 소모한다.

그래서 모든 애니메이션 함수와 게임 루프를 하나의 인터벌로 대체할 것이다.

모든 것을 관리하는 하나의 인터벌

하나의 인터벌을 사용한다는 것은 꼭 모든 스프라이트가 같은 레이트로 업데이트되어야 한다는 것을 의미하지는 않는다. 애니메이션 기본 업데이트 간격이 달라도 사용할 수 있는 많은 방법이 있다.

일반적으로 게임 루프는 주어진 레이트로 수행되게 된다(가령 30밀리초로 같이). 모든 애니메이션은 이 주기와 같거나, 두 배, 세 배, 네 배 더 느린 식으로 업데이트될 수 있다. 하지만, 여기서 꼭 애니메이션을 제한할 필요가 없다. 더 느린 주기로 반복되는 하나 이상의 게임 루프를 만들 수도 있다.

예를 들어 매 초마다 물이 차오르는 레벨을 만든다고 하자. 플레이어는 레벨을 빨리 깨야 하고, 그렇지 못하면 가라앉게 될 것이다. 프레임워크에서 이것을 하기 위해 매 초 실행되는 addCallback 함수를 추가할 것이다. 이전 게임에서 만든 게임 루프에서 setInterval 대신에 이것을 사용해서 할 수 있다.

이를 위해 startPreloading 함수가 조금 바뀌어야 한다. endCallback 함수 호출 후에 addCallback으로 정의된 함수와 애니메이션을 관리하는 함수를 실행하는 setInterval 함수를 시작할 것이다. 또한, startPreloading 함수의 이름을 수정된 내용을 반영하여 startGame으로 바꿀 것이다.

startGame 함수에서 자동으로 해주기 때문에 게임 루프 인터벌을 명시적으로 만들 필요는 없다. 그저 addCallback으로 추가해주면 된다. 다음 그림은 이 방법과 여러 개의 setTimeout 함수를 사용하는 것과의 차이를 보여준다.

프레임워크에 이 기능을 구현할 것이다. 초기화 함수에 최소의 갱신 주기를 갖는 함수를 만든다. 모든 애니메이션 갱신과 주기적으로 실행되는 함수는 이 갱신 주기의 몇 배로 정의될 것이다. 그래도 API의 갱신 주기는 그대로 밀리초로 입력을 받을 것이다. 그리고 내부적으로 가장 가까운 기본 갱신 주기의 배수로 바꿀 것이다.

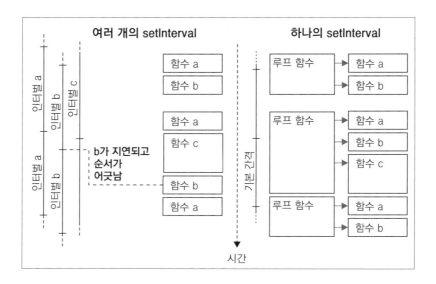

코드

초기화 함수에 저번에 써봤던 $.extend 함수를 사용할 것이다. 지금은 기본 갱신 주기만을 갖고 있지만 필요한 변수를 더 추가할 것이다. 그리고 기본 갱신 주기를 따로 지정하지 않았을 때 기본 값으로 사용할 값을 정의해야 한다.

```
gf = {
    baseRate: 30
};
gf.initialize = function(options) {
    $.extend(gf, options);
}
```

새로 이름을 바꾼 startGame 함수는 다음과 같아진다.

```
gf.startGame = function(progressCallback) {
    /* ... */
    var preloadingPoller = setInterval(function() {
        /* ... */
        if (counter == total) {
            // 끝!
            clearInterval(preloadingPoller);
            endCallback();
```

```
        setInterval(gf.refreshGame, gf.baseRate);
      } else {
        /* ... */
      }
    }, 100);
};
```

endCallback 함수 뒤에 gf.refreshGame이라는 내부 함수 호출을 추가한 것을
빼면 크게 바뀐 부분은 없다. 이 내부 함수에서 애니메이션 갱신과 주기적으로 실
행되는 함수를 호출하게 된다.

새로 만든 함수를 위해 애니메이션과 콜백을 언제 어떻게 실행할지에 대해 알아야
한다. 애니메이션에 대해서는 이미 gf.animationHandles를 가지고 있다. 이것을
간단히 gf.animations로 바꾸고, 새로 gf.callbacks를 만들 것이다.

애니메이션과 콜백은 반복되는 기본 갱신 주기에서 실행을 해야 하는지 안 해야
하는지 알아야 한다. 이를 위해 각 애니메이션과 콜백에 간단한 카운터를 사용할
것이다. 기본 반복 주기마다 모든 카운터를 증가시키고 그 값을 애니메이션과 콜
백 주기에 부합하는지 비교한다. 같다면 바로 실행하고 카운터를 초기화한다.

```
gf.refreshGame = function (){
  // 애니메이션 업데이트
  var finishedAnimations = [];
  for (var i=0; i < gf.animations.length; i++) {
    var animate = gf.animations[i];
    animate.counter++;
    if (animate.counter == animate.animation.rate) {
      animate.counter = 0;
      animate.animation.currentFrame++;
      if(!animate.loop && animate.animation.currentFrame >
      animate.animation.numberOfFrame){
        finishedAnimations.push(i);
      } else {
        animate.animation.currentFrame %= animate.animation.numberOfFrame;
        gf.setFrame(animate.div, animate.animation);
      }
    }
  }
```

```
      for(var i=0; i < finishedAnimations.length; i++){
         gf.animations.splice(finishedAnimations[i], 1);
      }
      // 콜백 실행
      for (var i=0; i < gf.callbacks.length; i++) {
         var call  = gf.callbacks[i];
         call.counter++;
         if (call.counter == call.rate) {
            call.counter = 0;
            call.callback();
         }
      }
   }
}
```

이런 간단한 메커니즘으로 setInterval 여러 번 호출하는 것을 대체할 수 있다.
따라서 앞에서 말했던 여러 문제들이 해결된다.

이 결과를 애니메이션 세팅 함수에도 적용한다. 위 예제에서 보듯, 이제 어떤 애
니메이션 프레임이 나타나야 하는지는 refreshGame 함수에서 담당한다. 따라서
setAnimation 함수는 애니메이션 프레임을 바꾸는 것을 신경 쓸 필요 없이 그저
애니메이션을 목록에 추가하기만 하면 된다.

어떤 div에 이미 애니메이션이 할당되었는지를 검사하는 함수는 약간 복잡해지지
만, 대부분의 다른 함수는 더 간단해질 것이다.

```
gf.animations = [];
   /**
    * 주어진 스프라이트의 애니메이션 세팅
    **/
   gf.setAnimation = function(divId, animation, loop){
      var animate = {
         animation: animation,
         div: divId,
         loop: loop,
         counter: 0
      }
      if(animation.url){
         $("#"+divId).css("backgroundImage","url('"+animation.url+"')");
      }
```

```
        // div가 이미 애니메이션되고 있다면
        var divFound = false;
        for (var i = 0; i < gf.animations.length; i++) {
            if(gf.animations[i].div == divId){
                divFound = true;
                gf.animations[i] = animate
            }
        }
        // 아닐 경우 애니메이션 목록에 추가
        if(!divFound) {
            gf.animations.push(animate);
        }
    }
```

비슷한 코드를 베이스 루프 콜백에 추가해야 한다.

```
gf.callbacks = [];
gf.addCallback = function(callback, rate){
    gf.callbacks.push({
        callback: callback,
        rate: Math.round(rate / gf.baseRate),
        counter: 0
    });
}
```

함수는 전반적으로 뻔한 구성이다. 하나 주목해야 할 점은 rate를 baseRate의 배수로 정규화한다는 것이다. 여기서 애니메이션 정렬을 하지 않은 것을 알 수 있는데, 이는 애니메이션을 생성할 때 할 것이다. 다음과 같다.

```
gf.animation = function(options) {
    var defaultValues = {
        url : false,
        width : 64,
        numberOfFrames : 1,
        currentFrame : 0,
        rate : 1
    }
    $.extend(this, defaultValues, options);
    if(options.rate){
        // 애니메이션 레이트 정규화
```

```
        this.rate = Math.round(this.rate / gf.baseRate);
    }
    if(this.url){
        gf.addImage(this.url);
    }
}
```

이걸로 끝났다. 이로써 대부분의 setInterval 함수를 없앴다. 이런 방식은 자바 스크립트를 평범하게 사용했을 때와 꽤 다르지만, 디버깅을 할 때는 훨씬 편리할 것이다.

키보드 폴링

2장에서 만든 게임을 플레이할 때 '개구리'의 움직임이 조금 이상함을 느꼈을 것이다. 왼쪽 키를 누르고 있으면 일단 왼쪽으로 움직인 다음에 약간 멈춰 있다가 다시 왼쪽으로 계속 움직이기 시작한다.

이 행동은 브라우저가 아니라 운영체제에 의해서 일어난다. OS는 키를 충분히 오래 누르고 있었을 때('Sticky Key'라고도 함), 키 입력을 반복시키게 된다. 이 행동을 결정하는 데 2가지 매개변수가 있다.

- 유예 기간: 키를 반복시킬 때까지 OS가 기다릴 시간이다. 이는 키를 한 번만 눌렀을 때 잘못 반복되는 것을 막는다.
- 키가 반복될 속도

이 매개변수들을 조작하는 것은 불가능하다. 이 값들은 OS에 전적으로 의지하며, 사용자에 의해서만 직접 설정될 수 있다.

이런 식으로 움직이는 것은 이상적이라고 보기 힘들다. RPG나 플랫포머 게임 같은 데에서 아바타는 선형적인 속도로 움직이게 해야 한다. 이 문제의 해결 방법은 상태를 폴링하는 것이다. 이 메소드를 통해 키의 상태가 바뀌었을 때 이벤트 핸들링을 하는 게 아니라, 능동적으로 키의 상태를 얻어낼 수 있다.

게임 루프에서 '왼쪽' 키 같은 것이 눌려 있는지 알아내야 한다. 이는 많은 네이티브 게임이 사용하는 방식이지만 자바스크립트는 지원하지 않는다. 상태 폴링 기술을 직접 구현해야만 한다.

키 상태 추적 유지

이를 위해 keydown, keyup 이벤트를 이용할 것이다. 이 이벤트에 핸들러를 등록한다.

1. 키 코드 'c'의 키가 눌렸을 때, 첫 번째 이벤트 핸들러는 배열에 'c' 인덱스의 값을 true로 쓴다.
2. 같은 키가 떨어졌을 때, 두 번째 이벤트 핸들러는 배열에 'c' 인덱스의 값을 false로 바꾼다.

이 방법의 좋은 점은 배열에서 모든 가능한 키에 대해 초기화를 할 필요가 없다는 것이다. 기본 값으로 undefined가 된다. 검사할 때 이 값은 false와 같다. 다음 그림은 위의 두 이벤트 핸들러가 어떻게 작동하는지를 보여준다.

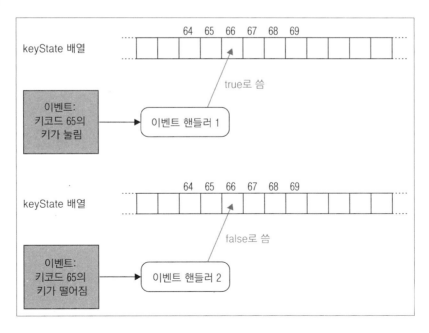

두 이벤트 핸들러를 프레임워크 마지막에 등록한다.

```
gf.keyboard = [];
// 키보드 상태 핸들러
$(document).keydown(function(event){
    gf.keyboard[event.keyCode] = true;
});
$(document).keyup(function(event){
    gf.keyboard[event.keyCode] = false;
});
```

이제 좌우 이동 부분의 코드를 gf.keyboard 배열을 이용하도록 바꾼다.

```
if(gf.keyboard[37]){ // 좌
    newPos -= 5;
}
if(gf.keyboard[39]){ // 우
    newPos += 5;
}
```

여기서 플레이어가 죽었는지 검사할 필요가 없는데, 이미 게임 루프에서 하고 있기 때문이다. 폴링을 이용한 방법은 키가 한 번에 두 개 이상 눌릴 수 있다는 점을 주의해야 한다. 이전 버전에서는 키가 눌렸을 때 생성되는 이벤트를 바탕으로 했기에 이런 문제가 없었다.

게임을 다시 해보면 예전보다 수평 이동이 훨씬 나아졌음을 느낄 수 있다.

위에서 보듯이 폴링을 사용하면 코드가 좀 더 보기 좋고, 대부분의 경우 더 간단해진다. 게다가 처리 부분이 게임 루프 내로 들어가게 되는데, 이는 항상 더 나은 현상이다. 하지만, 폴링이 가장 좋은 방법이라고 말할 수는 없다. 개구리가 점프할 때 특히 그렇다.

상황에 따라 적절히 이벤트 핸들링과 폴링을 사용한다. 키가 눌렸을 때 한 번만 반응해야 한다면 이벤트 핸들링을, 키가 눌렸을 때 반복적으로 반응해야 한다면 폴링을 써야 한다.

HTML 프래그먼트

스프라이트를 만드는 코드에서도 약간 최적화할 부분이 있다. 우리가 만든 게임에서는 스프라이트 생성을 총 8번 밖에 하지 않아서, 스프라이트 생성 속도가 크게 중요하지 않다. 하지만, 많은 경우 게임에서 엄청나게 많은 양의 스프라이트를 만들어야 한다. 예를 들어 슈팅 게임이라면 레이저 등을 쏠 때마다 스프라이트를 생성해야 한다.

이 기술은 (스프라이트를 표현하기 위한) HTML 코드 파싱을 스프라이트를 추가할 때마다 하는 것을 피할 수 있게 한다. 이것을 HTML 프래그먼트라고 부르며, HTML 노드 트리의 가지다.

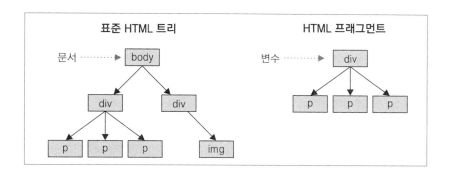

제이쿼리로 이런 프래그먼트를 매우 간단하게 만들 수 있다.

```
var fragment = $("<div>fragment</div>");
```

이 예제는 HTML 엘리먼트를 사용할 때까지 프래그먼트 변수 메모리에 유지한다. 프래그먼트는 문서에 자동으로 추가되지 않는다. 엘리먼트를 나중에 추가하는 방법은 다음과 같이 간단하다.

```
$("#myDiv").append(fragment);
```

프래그먼트가 계속 엘리먼트를 참조하고 있다는 것을 명심해야 한다. 프래그먼트를 또 다른 곳에 추가한다면 예전에 추가한 곳에서 지워질 것이고, 프래그먼트를 수정한다면 문서에도 그 수정이 반영될 것이다.

이런 현상을 피하기 위해 문서에 추가하기 전에 클론을 하면 된다. 다음 코드와 같다.

```
$("#myDiv").append(fragment.clone());
```

이것을 이용해서 addSprite를 더 빠르게 만들 수 있다.

```
gf.spriteFragment = $("<div style='position: absolute'></div>");
gf.addSprite = function(parentId, divId, options){
    var options = $.extend({}, {
        x: 0,
        y: 0,
        width: 64,
        height: 64
    }, options);
    $("#"+parentId).append(gf.spriteFragment.clone().css({
        left:   options.x,
        top:    options.y,
        width:  options.width,
        height: options.height}).attr("id",divId));
};
```

여기서 모든 스프라이트에 공통되는 부분만 프래그먼트로 만들었다. 그리고 문서에 추가하기 전에 클론을 하고, addSprite의 특정한 매개변수인 위치, 크기, ID 등을 추가한다.

위에서 말했지만 이런 간단한 게임에서는 딱히 눈에 띄는 결과는 없다. 하지만, 이 코드는 훨씬 효율적이며, 더 복잡한 게임에서 많은 스프라이트를 생성할 수 있게 해줄 것이다.

리플로우 피하기

DOM을 수정했을 때 문서 전체나 많은 부분이 완전히 리플로우되는 것을 반드시 피해야 한다. 이를 피할 수 있는 많은 방법이 있고, 이런 방법으로 최근의 브라우저에서는 최적화가 잘 된다.

일반적으로 브라우저는 문서에서 수정이 일어나면 리플로우가 될 수 있는 최대한을 재정렬한다. 이런 수정에 참조되는 정보를 얻으려고 하면 새 정보를 위해 리플로우가 꼭 일어나야 한다.

경험에 의거해보면 DOM을 읽는 것을 피하는 것이 좋다. 최후의 수단으로 모든 읽는 부분을 묶어서 리프레시 루프 마지막에서 수행하게 할 수 있다.

우리 게임에서는 딱 한 부분 이런 상황이 있다. 플레이어 아바타의 x 위치에 접근할 때이고, 브라우저는 이 때 강제로 리플로우된다. 위치와 크기는 게임 루프에서 가장 빈번하게 참조되는 정보일 것이다. 이를 빠르게 만들기 위한 간단한 방법은 DOM에서 읽어오는 것을 피하는 것이다. 프레임워크 함수를 통해서 값을 세팅할 때 어떤 곳에 값을 따로 저장하고 그 값을 가져다 쓰면 된다.

이를 위해 제이쿼리의 data 함수를 참조할 값이 들어있는 오브젝트를 가진 스프라이트에 적용해 볼 것이다. addSprite 함수는 다음과 같이 확장된다.

```
gf.addSprite = function(parentId, divId, options){
    /* ... */
    $("#"+parentId).append(gf.spriteFragment.clone().css({
        left:   options.x,
        top:    options.y,
        width:  options.width,
        height: options.height})).attr("id",divId).data("gf",options));
}
```

그리고 gf.x와 gf.y는 CSS 프로퍼티 대신에 이 값을 사용한다.

```
gf.x = function(divId,position) {
    if(position) {
        $("#"+divId).css("left", position);
        $("#"+divId).data("gf").x = position;
    } else {
        return $("#"+divId).data("gf").x;
    }
}
```

```
gf.y = function(divId,position) {
    if(position) {
        $("#"+divId).css("top", position);
        $("#"+divId).data("gf").y = position;
    } else {
        return $("#"+divId).data("gf").y;
    }
}
```

이렇게 하면 두 개의 parseInt도 없어지는 이점이 있다. 그리고 게임 코드는 하나도 바꿀 필요가 없다!

CSS 트랜스폼을 사용해 스프라이트 움직이기

CSS 트랜스폼을 사용하면 CSS의 top, left 프로퍼티를 쓸 때보다 훨씬 빠르게 움직일 수 있다. 이 기능은 모든 브라우저에서 지원되지는 않는다.

여기서는 CSS 트랜스폼에 대해 자세하게 다루지는 않을 것이다. 4장에서 다시 볼 것이므로 여기서는 간단히 곁눈질만 하자. 다음 코드는 CSS 트랜스폼을 써서 코드를 수정한 것이다.

```
gf.x = function(divId,position) {
    if(position) {
        var data = $("#"+divId).data("gf");
        var y = data.y;
        data.x = position;
        $("#"+divId).css("transform", "translate("+position+"px, "+y+"px)");
    } else {
        return $("#"+divId).data("gf").x;
    }
}
gf.y = function(divId,position) {
    if(position) {
```

```
    var data = $("#"+divId).data("gf");
    var x = data.x;
    data.y = position;
    $("#"+divId).css("transform", "translate("+x+"px, "+position+"px)");
  } else {
    return $("#"+divId).data("gf").y;
  }
}
```

강조된 코드에서 보듯, 매번 두 좌표를 모두 세팅한다. 즉, x 좌표를 수정할 때 y
좌표도 얻어야 하고, y 좌표를 수정할 때도 마찬가지다.

타임아웃 대신에 requestAnimationFrame 사용

애니메이션을 좀 더 부드럽게 하기 위해 최근에 브라우저에 추가된 기능이
requestAnimationFrame이다. 이는 애니메이션을 아무 때나 하는 게 아니
라, 애니메이션하기 가장 좋은 때를 브라우저가 알려준다. setInterval이나
setTimeout이 아니라 여기에 콜백을 등록해서 쓸 수 있다.

requestAnimationFrame를 사용하면 브라우저가 콜백을 언제 호출할지 결정한
다. 따라서 마지막 호출에서 현재 호출의 간격이 얼마나 되었는지를 계산해야 한
다. 표준은 이 값이 밀리초로 되어 있다(Date.now()로 얻는 값과 같음). 하지만, 지금은
초정밀 타이머로 제공된다.

여기는 두 가지 버전의 구현이 있는데, 대부분의 브라우저에서 벤더 프리픽스가
붙는 기능이라 지저분한 자세한 내용을 추상화해주는 툴을 쓰는 게 좋다. 다음 두
글을 읽고 원하는 코드 조각을 사용할 수 있다.

- http://paulirish.com/2011/requestanimationframe-for-smart- animating/
- http://www.makeitgo.ws/articles/animationframe/

정리

3장에서는 2장에서 만든 게임을 최적화했다. 게임 코드 가독성에 피해가 없으면서도 게임을 더 부드럽게 만들 수 있는 몇몇 테크닉을 살펴보았다.

지금 만든 프레임워크는 뒷 장에도 계속 사용할 수 있을 정도로 괜찮은 수준이다. 다음 장부터는 플랫포머 게임을 구현하기 위한 타일 맵 기능을 추가할 것이다.

4
잡다한 기능

이제 좀 더 복잡한 게임을 만들어 볼 것이다. 매우 유명한 장르인 2D 플랫폼 게임을 만들어 볼 것인데, 예를 들면 '슈퍼 마리오 브라더스'나 '소닉 더 헤지혹'이 있다. 이런 게임은 흔히 타일 맵이라고 불리는 작은 이미지 조각을 반복 배치해서 레벨 디자인을 한다. 프레임워크에 타일 맵과 좀 더 일반적인 충돌 검출 기능을 추가할 것이다. 게임 로직을 위해서 코드는 객체지향적으로 작성할 것이다.

다음은 프레임워크에 추가할 기능들의 목록을 간략히 정리한 것이다.

- 오프라인 div
- 그룹
- 스프라이트 트랜스폼
- 타일 맵
- 충돌 검출

먼저 이것들에서 시작하고, 그 다음 게임을 시작할 것이다.

오프라인 div

3장 마지막에 리플로우를 피하는 것이 속도를 올리는 데 좋다고 설명했다. 하지만, 엘리먼트의 상태를 하나도 확인하지 않고 DOM 조작을 하는 것은 매우 어려운 일이다. 또한 프레임워크 개발자로서 매우 조심히 개발했다고 하더라도 프레임워크를 사용하는 유저가 그렇게 사용할지 확신할 수도 없다. 여기에 리플로우의 단점을 줄이는 방법이 있다. 바로 DOM 조각을 떼어내서 수정한 다음에 다시 문서에 붙이는 것이다.

box라는 ID를 갖는 노드가 있고, 이 노드의 자식 엘리먼트를 복잡한 방법으로 수정할 것이라고 해보자. 다음 코드를 이용해서 노드를 떼어낼 수 있다.

```
// box 떼어내기
var box = $("#box").detach();

var aSubElement = box.find("#aSubElement")
// 기타 작업

// 다시 붙이기
box.appendTo(boxParent);
```

이 기능을 위해서 프레임워크 API를 조금 수정해야 한다. 지금까지 문자열로 스프라이트를 구분했는데, 문서를 부분으로 나누면 부작용이 발생한다. 예를 들면 gf.x("sprite")를 호출했을 때, 제이쿼리는 해당 ID를 갖는 스프라이트를 문서에서 찾으려고 할 것이다. 하지만, 스프라이트의 부모 노드를 문서에서 떼어냈을 때에는 해당 스프라이트를 찾지 못할 것이다.

해결 방법은 간단하게 함수에 ID 문자열을 받던 것을 DOM 노드 그 자체를 받도록 바꾸면 된다. 제이쿼리를 사용해서 노드를 래핑할 수 있다. gf.x 함수의 현재 API와 새로 바꿀 API를 비교해보자.

```
// 현재 API
var xCoordinate = gf.x("mySprite");

// 바뀔 API
var xCoordinate = gf.x($("#mySprite"));
```

이 방법은 최적화를 할 때 장점을 갖게 된다. 프레임워크 구현을 다시 보면 또 다른 문제가 보일 것이다.

```
gf.x = function(divId,position) {
    if(position) {
        $("#"+divId).css("left", position);
        $("#"+divId).data("gf").x = position;
    } else {
        return $("#"+divId).data("gf").x;
    }
}
```

이 함수가 호출될 때마다 제이쿼리로 매번 엘리먼트를 다시 찾는 것을 볼 수 있다. 검색을 위한 어떠한 DOM 접근도(셀렉터에 엘리먼트 ID로 검색하는 것도 마찬가지) 성능상의 비용이 든다. 이상적으로는 한 엘리먼트를 여러 번 사용한다면 캐시해두는 게 성능 향상에 도움이 된다. 이는 새 API에서 가능하다.

구현은 직관적이다. gf.x 함수는 다음과 같아진다.

```
gf.x = function(div,position) {
    if(position) {
        div.css("left", position);
        div.data("gf").x = position;
    } else {
        return div.data("gf").x;
    }
}
```

그룹

계층적으로 게임 엘리먼트를 구성하는 것은 매우 편리한 방법이다. 일반적으로 게임은 다음 그림처럼 구성된다.

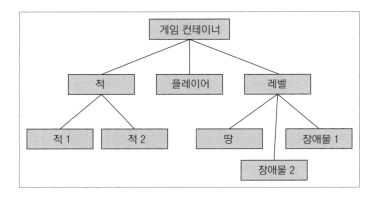

이를 위해 그룹이라고 부르는 간단한 기능을 프레임워크에 추가할 것이다. 그룹은 기본적으로 1개의 div인데, 배치되는 방식은 스프라이트와 완전히 같지만 배경과 너비, 높이를 가지지 않는다. 프레임워크에 gf.addGroup 함수를 추가한다. 함수 모양은 gf.addSprite와 같지만 옵션으로 오직 x, y 좌표만을 취한다는 것이 다르다.

다음 예제는 위에서 본 그림대로 그룹을 생성하는 것이다.

```
var enemies   = gf.addGroup(container,"enemies");
var enemy1    = gf.addSprite(group,"enemy1",{...});
var enemy2    = gf.addSprite(group,"enemy2",{...});
var player    = gf.addSprite(group,"player",{...});
var level     = gf.addGroup(container,"level");
var ground    = gf.addSprite(group,"ground",{...});
var obstacle1 = gf.addSprite(group,"obstacle1",{...});
var obstacle2 = gf.addSprite(group,"obstacle2",{...});
```

함수 구현은 gf.addSprite와 매우 유사하다.

```
gf.groupFragment = $("<div style='position: absolute; overflow:
visible;'></div>");
gf.addGroup = function(parent, divId, options){
   var options = $.extend({
      x: 0,
      y: 0,
   }, options);
   var group = gf.groupFragment.clone().css({
```

```
        left:    options.x,
        top:     options.y}).attr("id",divId).data("gf",options);
    parent.append(group);
    return group;
}
```

게임에서 여러 개의 요소를 갖는 것들은 간단히 서로를 구별할 수 있어야 한다. 이를 위해 $.data 함수를 통해서 플래그를 기입할 수도 있지만, 그보다는 CSS 클래스를 사용할 것이다. 그럼 특정 타입의 엘리먼트를 매우 쉽게 찾거나 필터링을 할 수 있는 장점이 생긴다.

구현을 위해서 그저 스프라이트와 그룹 프래그먼트를 바꾸면 된다. CSS 클래스로 준 이름은 네임스페이스가 될 것이다. CSS에서 네임스페이스는 클래스 이름 앞에 프리픽스prefix를 붙이면 간단히 된다. 예를 들면 스프라이트의 클래스 이름은 gf_sprite로 할 것이다. 이렇게 하면 sprite라고 했을 때보다 다른 플러그인과의 충돌이 최소화된다.

새 프래그먼트는 다음과 같다.

```
gf.spriteFragment = $("<div class='gf_sprite' style='position: absolute;
overflow: hidden;'></div>");
gf.groupFragment = $("<div class='gf_group' style='position: absolute;
overflow: visible;'></div>");
```

이제 자식 중에서 스프라이트를 모두 찾고 싶다면 다음처럼 쓰면 된다.

```
$("#someElement").children(".gf_sprite");
```


스프라이트 트랜스폼

스프라이트에 간단한 트랜스폼을 적용해야 하는 많은 상황이 있다. 예를 들면 스프라이트를 작거나 크게 하거나, 회전시키거나 뒤집을 수 있다. 가장 편리한 방법은 CSS 트랜스폼을 사용하는 것이다. 최근에는 많은 브라우저에서 CSS 트랜스폼을 잘 지원하게 되었다.

이 방법을 사용하기로 마음 먹었다면 마이크로소프트 인터넷 익스플로러 9 이전의 버전은 포기해야 한다. CSS 프로퍼티에서 `filter`를 사용하는 방법이 있긴 하지만, 대부분 매우 느리다.

다른 방법은 옛날 8비트나 16비트 게임처럼 미리 트랜스폼된 스프라이트를 이미지로 만들어두는 것이다. 모든 브라우저에서 매우 빠르게 동작하겠지만 스프라이트를 수정하거나 하면 모두 다시 생성해야하는 등 그림 작업이 늘어난다.

우리는 CSS 트랜스폼을 사용할 것이다. 어차피 우리가 지원 대상으로 삼는 최신 브라우저는 이를 잘 지원한다.

CSS 트랜스폼

CSS 트랜스폼에는 매우 많은 변환이 있고, 심지어 3D 변환도 있다(https://github.com/boblemarin/Sprite3D.js에서 훌륭한 예제를 볼 수 있음). 하지만, 우리는 회전과 스케일링만 사용할 것이다.

대부분의 브라우저에서 CSS의 "`transform`"은 벤더 프리픽스가 붙어 있다. 즉, 사파리에서는 `-webkit-transform`, 파이어폭스에서는 `-moz-transform`처럼 되어 있다. 실제 작업을 할 때 제이쿼리 1.8을 사용한다면 벤더 프리픽스는 신경 쓰지 않아도 된다. 제이쿼리가 알아서 잘 처리한다.

위에서 말했듯이 이 프로퍼티는 많은 속성이 있다. 여기서는 `rotate`와 `scale`에 집중할 것이다. `rotate` 구문은 다음과 같다.

```
transform: rotate(angle)
```

여기서 `angle`은 시계 방향의 일반각이나 호도법 단위다(단위는 deg와 rad로 축약해서 씀). 회전은 엘리먼트의 원점을 기준으로 회전하는데, 원점은 기본값으로 엘리먼트의 가운데 지점이다. 많은 경우에 엘리먼트의 가운데 지점을 중심으로 회전하면 충분하겠지만, 원점을 바꾸고 싶다면 간단히 `transform-origin` CSS 프로퍼티를 사용하면 된다.

시계 반대 방향으로 10도 돌리고 싶다면 다음처럼 쓸 수 있다.

```
transform: rotate(-10deg);
```

빨간 사각형을 회전하면 이렇게 보일 것이다.

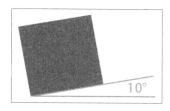

스케일링도 매우 비슷하지만, 두 가지 구문이 가능하다.

- `transform: scale(ratio)`
- `transform: scale(ratio_x, ratio_y)`

값을 하나만 지정하면 가로 세로 비율이 유지되면서 확대된다. 즉, 양 축에 대해 똑같이 확대된다. 이에 반해 값을 두 개 지정하면 첫 번째 값은 X축에 대해서, 두 번째 값은 Y축에 대해서 스케일링 된다(비등방 변환). 다음 그림을 보면 차이를 알 수 있다.

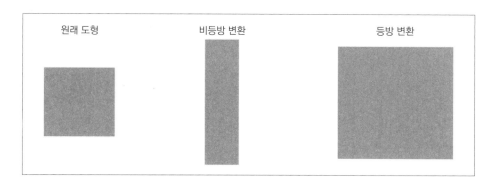

우리의 프레임워크에는 비등방 변환을 사용하지 않을 것이지만 값을 두 개 지정하는 구문을 사용할 것이다. 스프라이트를 뒤집기 위해서인데, scale(-1, 1)이라고 쓰면 X축 방향(가로)으로 뒤집히고 Y축은 그대로가 된다. 확대와 마찬가지로 스프라이트를 뒤집는 것은 종횡비를 바꾸지 않는다.

트랜스폼의 이 두 속성은 서로 같이 잘 동작한다. 시계 반대 방향으로 10도 회전하고 가로 방향으로 뒤집고 2배 크게 하고 싶다면 다음처럼 쓸 수 있다.

```
transform: rotate(-10deg) scale(2,-2);
```

프레임워크에 트랜스폼 추가

이제 이 기능을 함수로 만들어야 한다. 프레임워크의 다른 많은 함수처럼 옵션 인자를 갖는 오브젝트를 받을 것이고 첫 번째 인자는 트랜스폼을 할 오브젝트를 받는다. 이 함수를 호출할 때의 모습은 다음과 같을 것이다.

```
gf.transform (myDiv, {rotate: -10, scale: 2, flipV: true});
```

각도는 일반각이고 flipH와 flipV 옵션은 불리언 값이다. 생략된 매개변수(여기서는 flipH)는 기본 값으로 처리되는 것이 아니라 현재 값을 유지한다. 따라서 여러 번의 트랜스폼을 이전 트랜스폼 옵션을 알 필요 없이 할 수 있다. 다음 코드를 참고하라.

```
gf.transform (myDiv, {rotate: -10});
// 다른 어떠한 작업
gf.transform (myDiv, {scale: 2, flipV: true})
```

따라서 옵션 오브젝트에 $.extend 함수를 사용할 수 없다. 대신 정의되지 않은 매개변수는 주어진 엘리먼트를 직접 조사해서 써야 한다.

이 값들은 $.data 함수를 사용해서 gf 키로 지정된 오브젝트 구문에 저장할 것이다. 이를 위해 스프라이트나 그룹을 만들 때 초기 값을 지정하는 것이 필요하다. 먼저 addSprite 함수에서 시작하자.

```
gf.addSprite = function(parent, divId, options){
    var options = $.extend({
        x: 0,
        y: 0,
        width: 64,
        height: 64,
        flipH: false,
        flipV: false,
        rotate: 0,
        scale: 1
    }, options);
//...
```

CSS 트랜스폼의 작동 방식을 이해했다면 gf.tansform 함수 구현은 매우 직관적
이다.

```
gf.transform = function(div, options){
    var gf = div.data("gf");
    if(options.flipH !== undefined){
        gf.flipH = options.flipH;
    }
    if(options.flipV !== undefined){
        gf.flipV = options.flipV;
    }
    if(options.rotate !== undefined){
        gf.rotate = options.rotate;
    }
    if(options.scale !== undefined){
        gf.scale = options.scale;
    }
    var factorH = gf.flipH ? -1 : 1;
    var factorV = gf.flipV ? -1 : 1;
    div.css("transform", "rotate("+gf.rotate+"deg) scale("+(gf.
        scale*factorH)+","+(gf.scale*factorV)+")");
}
```

다시 한 번 말하면, 이 간단한 함수로 게임에 대단한 기능과 많은 이펙트를 만들수 있는 가능성을 얻을 수 있다. 게임에 따라 비등방 스케일링이나 3D 트랜스폼이 필요할 수 있다. 그 기능을 추가해도 기본 형태는 다를 게 없기 때문에 API는 현재 모양과 달라지지 않을 것이다.

타일 맵

타일 맵은 많은 게임에서 사용되는 기술이다. 기본적인 아이디어는 레벨의 대부분은 비슷한 부분으로 구성된다는 것이다. 예를 들어 땅바닥은 대부분이 반복되며 몇 가지 종류밖에 없다. 나무도 몇 가지 종류가 지속적으로 반복되며, 돌과 꽃, 잔디도 마찬가지다. 반복되는 것들은 같은 스프라이트로 완벽하게 표현이 가능하다.

여기서 하나의 큰 이미지로 레벨을 표현하는 것이 비효율적인 방법이라는 것을 알수 있다. 나타낼 요소를 목록으로 만들고, 이 요소들을 결합하여 레벨을 생성하는 방법이 실제로 필요할 것이다.

타일 맵은 이 기능을 구현할 수 있는 가장 간단한 방법이다. 타일 맵은 하나의 제약을 갖는데, 모든 요소의 크기는 같아야 하고 격자에 맞춰서 배치해야 한다는 점이다. 이런 제약이 있어도 괜찮다면 타일 맵은 매우 효과적인 방법이다. 많은 옛날 게임들이 타일맵을 사용한 이유다.

일단 대충 구현하고, 4장의 마지막에서 약간 수정해서 대부분의 상황에서 더 빠르게 만드는 방법을 살펴볼 것이다.

정리해보면 타일 맵은 다음으로 이루어져 있다.

- 이미지 모음(프레임워크에서 애니메이션이라고 부르는 그것)
- 어떤 이미지가 어디에 위치하는지를 나타낼 2차원 배열

다음 그림이 이를 보여준다.

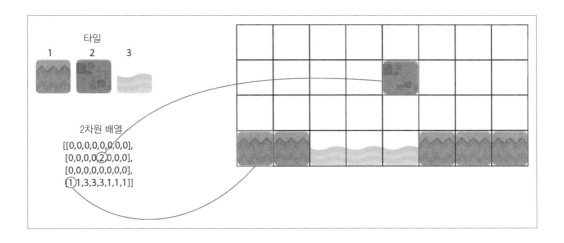

게다가 타일 맵은 게임 크기를 줄일 수 있는 다음 장점도 제공한다.

- 타일 맵에서 충돌 검출은 매우 쉽다.

- 타일 맵을 표현하는 배열은 레벨에 대한 의미적 정보도 담고 있다. 예를 들어 타일 1~3이 땅바닥 타일이고 4~6이 배경이라고 하자. 이를 통해 레벨을 쉽게 "읽을" 수 있고, 반응할 수 있다.

- 무작위적인 바리에이션의 레벨을 만들기가 매우 간단하다. 몇 가지 규칙을 가지고 2차원 배열을 만드는 것으로 끝난다. 플레이어가 플레이할 때마다 다른 모습을 보여줄 수 있다!

- 타일 맵을 만들 수 있는 많은 오픈 소스 툴이 있다.

하지만, 다음의 제약이 따른다.

- 타일 맵으로 이루어지는 모든 요소는 같은 크기를 가져야 한다. 더 큰 요소를 만들기 위해서는 작은 부분으로 나눌 필요가 있다.

- 많은 장점이 있음에도, 게임의 모습이 반복적으로 보이게 되는 것을 피할 수 없다. 레벨이 몇 개의 블록으로 반복되는 것을 피하고 싶다면 타일 맵을 사용하면 안 된다.

대충 구현

이미 스프라이트 생성은 알아보았다. 기본적으로 타일 맵을 만들기 위해 필요한 것은 타일 맵을 구성하는 스프라이트를 생성하는 것이다. gf.addSprite와 비슷하게 gf.addTilemap 함수는 부모 div와 생성된 타일 맵의 ID, 옵션 오브젝트를 받는다. 옵션은 타일 맵의 위치와 각 타일의 차원, 가로와 세로가 몇 개의 타일로 이루어져 있는지, 애니메이션의 목록, 타일 위치를 나타내는 2차원 배열이다.

2차원 배열을 순회하면서 필요한 스프라이트를 생성한다. 타일 맵에서 스프라이트가 없는 위치를 가질 수 있어야 편리하다. 따라서 다음 규칙을 따른다.

● 모든 항목이 0이라면 이 장소에서 필요한 스프라이트가 없음을 의미한다.
● 모든 0보다 큰 값을 가진 위치에서는 해당 값에서 1을 뺀 인덱스의 애니메이션되는 스프라이트를 생성해야 함을 의미한다.

일반적으로 여기서 문서에 추가하기 전에 타일 맵을 완전하게 만든다. 타일을 담을 div 태그를 만들기 위해 프래그먼트 복제를 하고, 스프라이트도 마찬가지다. 모든 타일이 생성되면 문서에 타일 맵을 추가한다.

여기서 약간 오묘한 것이 있다. 타일에 2개의 클래스를 추가할 것인데, 이 타일이 몇 행, 몇 열에 있는지이다. 이것을 빼면 다음 코드에서 특이한 부분은 없다.

```
gf.tilemapFragment = $("<div class='gf_tilemap' style='position:
absolute'></div>");
gf.addTilemap = function(parent, divId, options){
    var options = $.extend({
        x: 0,
        y: 0,
        tileWidth: 64,
        tileHeight: 64,
        width: 0,
        height: 0,
        map: [],
        animations: []
    }, options);
```

```
// 줄과 행 프래그먼트 만들기
var tilemap = gf.tilemapFragment.clone().attr("id",divId).
data("gf",options);
for (var i=0; i < options.height; i++){
    for(var j=0; j < options.width; j++) {
        var animationIndex = options.map[i][j];
        if(animationIndex > 0){
            var tileOptions = {
                x: options.x + j*options.tileWidth,
                y: options.y + i*options.tileHeight,
                width: options.tileWidth,
                height: options.tileHeight
            }
            var tile = gf.spriteFragment.clone().css({
                left:    tileOptions.x,
                top:     tileOptions.y,
                width:   tileOptions.width,
                height:  tileOptions.height}
            ).addClass("gf_line_"+i).addClass("gf_column_"+j).
                data("gf", tileOptions);
            gf.setAnimation(tile, options.
                animations[animationIndex-1]);
            tilemap.append(tile);
        }
    }
}
parent.append(tilemap);
return tilemap;
}
```

당장은 이것으로 충분하다. 이 코드는 초기화 시간에 모든 타일 맵을 생성한다.
즉, 매우 큰 타일 맵에 대해서 느릴 수 있다. 4장의 마지막에서 보이는 부분만 생
성하는 방법을 볼 것이다.

충돌 검출

이 기능은 프레임워크에서 매우 중요한 부분이다. 여기서는 타일 맵에서 스프라이트 충돌을 어떻게 다룰지에 대해 볼 것이다. 타일 맵을 사용하면 일반적인 상황보다 더 쉽게 충돌 검출을 할 수 있는 이점이 있다. 충돌 검출에 대한 기본적인 아이디어는 동일하다. 프레임워크는 축에 대해 나란한 엘리먼트의 충돌만을 고려할 것이다. 즉, 회전한 엘리먼트의 회전 등은 충돌에서 고려하지 않는다.

타일 맵에서의 충돌

타일 맵의 어떤 타일이 스프라이트와 부딪혔는지를 찾는 과정은 두 단계로 이루어진다. 먼저 타일과 스프라이트의 겹치는 부분의 사각형을 찾는다. 그리고 이 사각형 안에 들어가는 모든 스프라이트의 목록을 구한다. 겹치는 부분의 사각형의 몇몇 예시는 다음 그림에서 볼 수 있다.

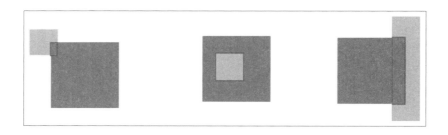

얼핏 복잡해 보이지만, 이 문제는 1차원에서 겹치는 부분을 구하는 것을 두 축에 대해서 각각 구하는 것과 완전히 같기 때문에 문제를 간소화할 수 있다.

실제로 구현하지 않았을 수도 있지만 1차원에서 겹치는 부분을 구하는 것은 프로거 게임에서 이미 충돌 검출을 위해 간단하게 사용했었다. 다음 그림은 일반적인 1차원의 겹치는 부분을 보여준다. i로 표시된 부분이 a, b 선분의 겹치는 부분이다.

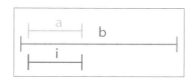

이 경우에 두 번째 선분이 첫 번째 선분을 완전히 포함한다. 다음 그림은 가능한 다른 3가지 상황을 보여준다.

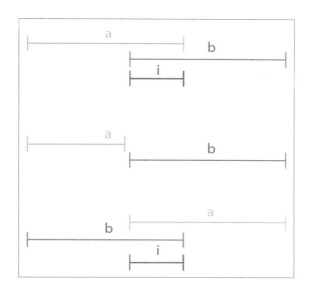

문제를 풀기 위해 두 번째 선분의 관점에서 표현해본다. 간격을 정의하는 두 점을 맨 왼쪽 점은 i1, 오른쪽 점은 i2라고 할 것이다.

먼저 두 선분이 겹칠 때를 생각해보자. 아마도 i1은 a1, b1보다 클 것이다. 같은 방식으로 i2는 a2, b2보다 작을 것이다. 하지만, 겹치지 않는다면 어떻게 될까? 간단히 간격이 왼쪽에 있다면 i1=b1, i2=b1을 리턴할 것이고, 오른쪽에 있다면 i1=b2, i2=b2를 리턴할 것이다. 계산을 위해 i1, i2 결과를 b1, b2 사이로 제한할 것이다.

완성된 함수는 다음과 같다.

```
gf.intersect = function(a1,a2,b1,b2){
    var i1 = Math.min(Math.max(b1, a1), b2);
    var i2 = Math.max(Math.min(b2, a2), b1);
    return [i1, i2];
}
```

좋은 점은 각 점에 대해 오직 두 번의 비교만 썼다는 점이다. 이제 이 함수를 2차원 문제에 적용해 보자. 다음 그림은 2차원에서 겹치는 영역을 어떻게 1차원으로 분해하는지를 보여준다.

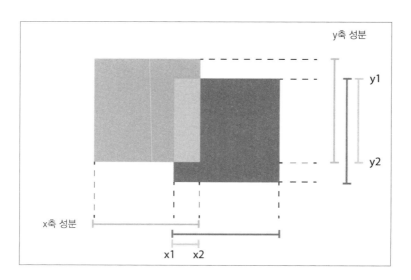

충돌한 타일 검색

이제 스프라이트와 타일 맵을 취하는 함수를 만들 것이다. 이 함수는 두 축에 대해서 겹치는 영역인 x1, x2와 y1, y2를 돌려줄 것이다. (x1, y1)은 겹치는 영역의 왼쪽 위 모서리, (x2, y2)는 오른쪽 아래의 모서리를 나타낸다.

하지만, 실제로는 타일 맵은 좌표로 나타내어져 있지 않고 2차원 배열과 그 인덱스로 고려할 것이다. 따라서 먼저 타일 맵의 왼쪽 위 모서리를 원점으로 하는 좌표계로 변환할 것이다. 그럼 새로운 좌표계를 타일의 너비와 높이에 맞춰서 나눌 수 있다. 이 과정이 끝나면 겹치는 부분을 이루는 타일의 왼쪽 위 인덱스와 오른쪽 아래 인덱스를 얻을 수 있다.

```
gf.tilemapBox = function(tilemapOptions, boxOptions){
    var tmX  = tilemapOptions.x;
    var tmXW = tilemapOptions.x + tilemapOptions.width *
        tilemapOptions.tileWidth;
```

```
    var tmY  = tilemapOptions.y;
    var tmYH = tilemapOptions.y + tilemapOptions.height *
        tilemapOptions.tileHeight;
    var bX   = boxOptions.x;
    var bXW  = boxOptions.x + boxOptions.width;
    var bY   = boxOptions.y;
    var bYH  = boxOptions.y + boxOptions.height;
    var x = gf.intersect(tmX,tmXW, bX, bXW);
    var y = gf.intersect(tmY, tmYH, bY, bYH);
    return {
        x1: Math.floor((x[0] - tilemapOptions.x) / tilemapOptions.
            tileWidth),
        y1: Math.floor((y[0] - tilemapOptions.y) / tilemapOptions.
            tileHeight),
        x2: Math.ceil((x[1] - tilemapOptions.x) / tilemapOptions.
            tileWidth),
        y2: Math.ceil((y[1] - tilemapOptions.y) / tilemapOptions.
            tileHeight)
    }
}
```

이제 이 결과를 이용해서 충돌 검사 함수를 사용할 수 있다. 간단히 결과의 두 점 사이에 있는 모든 타일을 사용한다. 0이 아닌 모든 요소를 찾기 위해 2차원 배열을 사용할 것이고 예전에 정의했던 행과 열을 저장했던 클래스를 이용할 것이다.

```
gf.tilemapCollide = function(tilemap, box){
    var options = tilemap.data("gf");
    var collisionBox = gf.tilemapBox(options, box);
    var divs = []
    for (var i = collisionBox.y1; i < collisionBox.y2; i++){
        for (var j = collisionBox.x1; j < collisionBox.x2; j++){
            var index = options.map[i][j];
            if( index > 0){
                divs.push(tilemap.find(".gf_line_"+i+".gf_
                    column_"+j));
            }
        }
    }
    return divs;
}
```

이 함수는 스프라이트와 겹치는 모든 타일을 구할 수 있다. 그리고 항상 스프라이트와 타일 맵의 좌표가 올바른지 신경 써야 한다. 그룹에 속한 스프라이트의 위치를 그룹 내에서 오른쪽으로 10픽셀 옮겼더라도 충돌 검출 메소드는 이를 알 수 없다.

모든 스프라이트와 타일의 상대적인 좌표를 찾는 함수를 만들 수 있을 것이다. 이 함수는 좀 느리고 조금 더 복잡하겠지만 충분히 할 수 있다.

스프라이트와 스프라이트의 충돌

두 스프라이트가 충돌했는지 아닌지는 방금 만든 함수로 알 수 있다. 두 스프라이트의 충돌을 두 축에 대해서 투영해야 한다.

gf.intersect 함수의 결과 간격이 0이라면(두 값이 같음) 두 스프라이트는 이 축에서 충돌함을 의미한다. 두 스프라이트가 실제로 충돌하려면 두 축에 대해서 모두 충돌해야 한다.

함수 구현은 gf.intersect 함수와 매우 비슷하며 쉽게 할 수 있다.

```
gf.spriteCollide = function(sprite1, sprite2){
    var option1 = sprite1.data("gf");
    var option2 = sprite2.data("gf");
    var x = gf.intersect(
        option1.x,
        option1.x + option1.width,
        option2.x,
        option2.x + option2.width);
    var y = gf.intersect(
        option1.y,
        option1.y + option1.height,
        option2.y,
        option2.y + option2.height);
    if (x[0] == x[1] || y[0] == y[1]){
        return false;
    } else {
        return true;
    }
}
```

게임 코딩

게임을 만들기 위한 모든 도구를 준비했다. 이 게임은 Kenney Vleugels(http://www.kenney.nl)의 뛰어난 아트워크를 이용할 것이다. 게임은 고전적인 플랫포머 게임처럼 플레이어가 이동하고 점프할 것이다.

적은 두 가지 종류가 있는데, 방울과 날아다니는 곤충이다. 간단하게 하기 위해 플레이어는 무적이고 적을 건드리면 죽이는 것으로 한다. 이 게임의 각 요소는 다음 순서로 살펴볼 것이다.

- 게임 스크린 기본 설정
- 객체지향적인 플레이어 코드
- 플레이어 컨트롤
- 수평 스크롤
- 적

게임 스크린 기본 설정

프로거 복제 게임을 만들었을 때와 매우 비슷하다. 다음 그림에 게임 스크린이 어떻게 구성되는지가 나타나 있다.

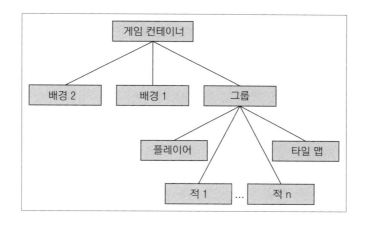

이 게임에서 꽤 많은 애니메이션을 사용할 것이다. 플레이어를 위해 3개, 두 개의 적도 각각 3개의 애니메이션을 사용한다. 그리고 일곱 개의 타일과 두 배경 애니메이션이 있다. 좀 더 읽기 편하게 하기 위해 다시 그룹핑을 했다. 플레이어와 적을 위한 애니메이션은 각각 오브젝트 구문에 저장하고, 타일 애니메이션은 배열에 저장한다.

코드는 다음과 같다.

```
var playerAnim = {
    stand: new gf.animation({
        url: "player.png",
        offset: 75
    }),
    walk:  new gf.animation({
        url:     "player.png",
        offset: 150,
        width:  75,
        numberOfFrames: 10,
        rate: 90
    }),
    jump:  new gf.animation({
        url: "player.png",
        offset: 900
    })
};

var slimeAnim = {
    stand: new gf.animation({
        url: "slime.png"
    }),
    walk: new gf.animation({
        url: "slime.png",
        width:  43,
        numberOfFrames: 2,
        rate: 90
    }),
    dead: new gf.animation({
        url: "slime.png",
```

```
      offset: 86
    })
};
var flyAnim = {
   stand: new gf.animation({
      url: "fly.png"
   }),
...
}
var tiles = [
   new gf.animation({
      url: "tiles.png"
   }),
   new gf.animation({
      url: "tiles.png",
      offset: 70
   }),
   ...
];
```

객체지향적인 플레이어 코드

게임에서 객체지향(OO) 코드를 써야 하는 많은 이유가 있다. 첫째, 코드를 구성하기 매우 좋은 방법이다. 둘째, 확장할 때 코드를 재사용하기 용이하게 해준다.

객체지향 프로그래밍에 익숙하지 않다면 자바스크립트는 이를 배우기에 좋은 언어는 아니다. 여기서 객체지향에 대해 자세히 다루진 않을 것이다. 딱히 객체지향 프로그래밍을 몰라도 로직을 구성하는 데에는 큰 문제가 없다.

우리는 하나의 플레이어만 필요하므로 하나의 익명 클래스를 바로 인스턴스화할 것이다. 이는 별로 일반적인 것이 아니며 특별한 상황에서만 사용할 수 있다. 다음 코드는 클래스와 메소드의 골격이다. 하지만, 아직 구현은 없으며 각 구현은 뒤에서 다룰 것이다.

```javascript
var player = new (function(){
    var acceleration = 9;
    var speed = 20;
    var status = "stand";
    var horizontalMove = 0;
    this.update = function (delta) {
        //...
    };
    this.left = function (){
        //...
    };
    this.right = function (){
        //...
    };
    this.jump  = function (){
        //...
    };
    this.idle  = function (){
        //...
    };
});
```

위에서 보듯이 뒤에서 사용할 변수를 먼저 정의하고 메소드를 정의한다.

플레이어 위치 갱신

이제 y축 방향으로 움직이는 기본적인 물리 시뮬레이션을 구현할 것이다. 어디에 부딪히지 않는다면 아바타는 최대 속도까지 가속되며 아래로 떨어질 것이다. 이 시뮬레이션으로 점프 궤적을 깔끔하게 생성할 수 있다.

업데이트 함수가 하는 일을 보자. 먼저 아바타의 다음 위치를 계산할 필요가 있다.

```javascript
var delta = 30;
speed = Math.min(100,Math.max(-100,speed + acceleration * delta /
100.0));
var newY = gf.y(this.div) + speed * delta / 100.0;
var newX = gf.x(this.div) + horizontalMove;
var newW = gf.width(this.div);
var newH = gf.height(this.div);
```

코드에서 플레이어의 세로 방향 속도를 계산하는 부분을 볼 수 있다. 여기서 물리적으로 맞는 규칙을 사용한다. 시간 간격 이후의 속도는 이전 시간 간격에서의 속도에 가속도를 더한 것과 같다. 그리고 -100에서 100 사이의 값으로 최종 속도를 제한한다. 여기서 가속도 상수는 중력 가속도와 같다.

이제 물리 규칙에 맞는 y축에서의 캐릭터 위치를 계산하기 위해 이 속도를 사용한다.

x축의 새 위치를 계산하는 것은 훨씬 간단하다. 가로에서의 현재 위치에 플레이어 컨트롤(나중에 이 값을 어떻게 생성하는지 볼 것이다)을 더하면 된다.

이제 정말 아바타가 가려고자 하는 곳이 맞는지를 보기 위해 충돌 검사가 필요하다. 이를 위해 위에서 만들었던 fg.tilemapCollision 메소드를 이용할 것이다.

스프라이트와 충돌한 모든 타일을 알면 이것으로 무엇을 하면 될까? 이 타일 중에서 스프라이트가 갈 수 있는 가장 가까운 곳으로 이동시킨다. 이를 위해 스프라이트와 타일의 정확한 겹치는 영역을 계산해야 한다. 그리고 영역의 너비와 높이 중에 무엇이 더 큰지 확인해야 한다. 너비가 높이보다 크다면 더 짧은 이동은 y축 방향이라는 의미이고 높이가 너비보다 크다면 x축으로 이동하는 것이 더 짧은 이동이 된다.

모든 타일에 대해 이 과정을 수행하면 어떠한 타일과도 부딪히지 않고 아바타가 이동할 수 있는 새 위치를 알 수 있다. 아래에 이에 대한 모든 코드가 있다.

```
var collisions = gf.tilemapCollide(tilemap, {x: newX, y: newY, width:
newW, height: newH});
var i = 0;
while (i < collisions.length > 0) {
   var collision = collisions[i];
   i++;
   var collisionBox = {
      x1: gf.x(collision),
      y1: gf.y(collision),
      x2: gf.x(collision) + gf.width(collision),
      y2: gf.y(collision) + gf.height(collision)
   };
   var x = gf.intersect(newX, newX + newW, collisionBox.
```

```
        x1,collisionBox.x2);
    var y = gf.intersect(newY, newY + newH, collisionBox.
        y1,collisionBox.y2);
    var diffx = (x[0] === newX)? x[0]-x[1] : x[1]-x[0];
    var diffy = (y[0] === newY)? y[0]-y[1] : y[1]-y[0];
    if (Math.abs(diffx) > Math.abs(diffy)){
        // y축에서 위치 옮기기
        newY -= diffy;
        speed = 0;
        if(status=="jump" && diffy > 0){
            status="stand";
            gf.setAnimation(this.div, playerAnim.stand);
        }
    } else {
        // x축에서 위치 옮기기
        newX -= diffx;
    }
// collisions = gf.tilemapCollide(tilemap, {x: newX, y: newY,
width: newW, height: newH});
}
gf.x(this.div, newX);
gf.y(this.div, newY);
horizontalMove = 0;
```

플레이어가 점프 중에 있을 때 y축 위쪽 방향으로 움직여야 한다는 것을 감지하면
플레이어 상태와 애니메이션을 바꾼다. 이는 플레이어가 땅에 닿았음을 의미하기
때문이다.

이 코드로 플레이어가 레벨에서 움직이는 것을 충분히 다 표현할 수 있다.

플레이어 아바타 컨트롤

업데이트를 제외한 모든 메소드는 플레이어 입력에 대응된다. 메인 루프 이후에
키가 눌려 있다면 이 메소드들이 불리게 된다. 아무 키도 눌리지 않았다면 idle 함
수가 불린다.

플레이어를 왼쪽으로 이동시키는 코드를 보자.

```
this.left = function (){
    switch (status) {
        case "stand":
            gf.setAnimation(this.div, playerAnim.walk, true);
            status = "walk";
            horizontalMove -= 7;
            break;
        case "jump":
            horizontalMove -= 5;
            break;
        case "walk":
            horizontalMove -= 7;
            break;
    }
    gf.transform(this.div, {flipH: true});
};
```

여기서 가장 중요한 부분은 플레이어 상태에 따라 나뉘는 switch 구문이다. 플레이어가 서있다면 걷기 애니메이션으로 바꾸고 x축 방향으로 이동시킨다. 플레이어가 점프하고 있었다면 그저 플레이어를 x축 방향으로 (살짝 느리게) 이동시키면 된다. 플레이어가 이미 걷고 있었다면 그대로 이동시키면 된다.

마지막 줄은 캐릭터를 수평 방향으로 뒤집는 것인데 플레이어가 오른쪽을 향하도록 그려지게 하는 것이다. 오른쪽으로 이동하는 함수도 기본적으로는 똑같다.

점프 메소드는 플레이어가 현재 서 있었는지 걷고 있었는지를 확인하고, 그렇다면 애니메이션과 상태를 바꾸고, 점프를 할 수 있도록 세로 방향의 속도를 업데이트 함수에서 부여한다.

쉬고 있는 상태는 플레이어가 걷고 있었을 때만 서 있도록 바꾸고 애니메이션을 바꾼다.

```
this.jump  = function (){
    switch (status) {
        case "stand":
        case "walk":
            status = "jump";
            speed = -60;
```

```
        gf.setAnimation(this.div, playerAnim.jump);
        break;
    }
};

this.idle  = function (){
    switch (status) {
        case "walk":
            status = "stand";
            gf.setAnimation(this.div, playerAnim.stand);
            break;
    }
};
```

이 코드가 플레이어 이동을 위한 모든 것이다. 게임을 시작해보면 이미 플랫포머 게임의 대부분을 만들었음을 알 수 있다. 캐릭터가 이 발판에서 저 발판으로 움직이고 점프할 수 있다.

플레이어 컨트롤

플레이어 객체를 메인 루프에 연결할 일이 아직 남아 있다. 게임 로직에서 사용하는 다른 오브젝트와 같이 매우 뻔한 작업이다. 여기에는 하나의 작은 세부사항이 생략되어 있다. 플레이어가 왼쪽으로 이동하면 스크린 바깥으로 나가버릴 수 있다. 플레이어를 따라갈 필요가 있다! 이를 위해 플레이어가 특정 지점을 넘어갈 경우 스프라이트와 타일을 반대 방향으로 이동시킬 것이다. 이는 플레이어를 따라다니는 카메라와 같은 효과를 준다.

```
var gameLoop = function() {
    var idle = true;
    if(gf.keyboard[37]){ // 왼쪽 화살표
        player.left();
        idle = false;
    }
    if(gf.keyboard[38]){ // 위쪽 화살표
        player.jump();
```

```
        idle = false;
    }
    if(gf.keyboard[39]){ // 오른쪽 화살표
        player.right();
        idle = false;
    }
    if(idle){
        player.idle();
    }
    player.update();
    var margin = 200;
    var playerPos = gf.x(player.div);
    if(playerPos > 200) {
        gf.x(group, 200 - playerPos);
    }
}
```

이 코드가 위에서 설명한 모든 것을 담은 메인 루프다.

패럴랙스 스크롤

패럴랙스parallax 스크롤은 얕은 깊이감의 2D 게임에 완벽히 들어맞는다. 멀리 있는 물체는 천천히 움직이는 것처럼 보인다는 것이 중요한 원리다. 움직이는 자동차에서 창문 너머로 보이는 풍경에서 이를 볼 수 있다.

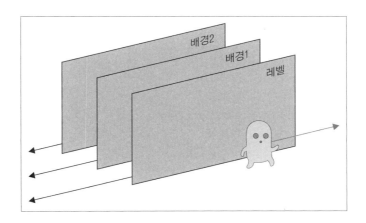

그림에서 보이는 첫 번째 레이어는 모든 스프라이트와 타일 맵을 담고 있다. 두 번째 레이어와 세 번째 레이어는 간단하게 이미지로 이루어져 있다. 앞에서 사용했던 것처럼 움직이는 것처럼 보이기 위해 배경의 위치를 이용할 것이다.

최종 코드는 메인 게임 루프의 플레이어가 항상 화면에 보이도록 한 부분 바로 뒤에 위치한다.

```
var margin = 200;
var playerPos = gf.x(player.div);
if(playerPos > 200) {
    gf.x(group, 200 - playerPos);
    $("#backgroundFront").css("background-position",""+(200 * 0.66 -
        playerPos * 0.66)+"px 0px");
    $("#backgroundBack").css("background-position",""+(200 * 0.33 -
        playerPos * 0.33)+"px 0px");
}
```

코드는 매우 간단하다. 각 레이어를 알맞은 속도로 이동시킨다. 말로 설명하기 보다는 직접 눈으로 확인하는 것이 좋을 것이다.

적 생성

적도 객체지향 코드를 사용할 것이다. 상속을 통해 두 종류의 적을 서로 다른 부분만 따로 구현하여 만들 수 있도록 해준다. 첫 번째 적은 슬라임이다. 땅바닥을 기어 다니다가 죽으면 그 자리에서 멈춰서 납작해진다. 두 점을 왔다갔다하며 순찰한다.

두 번째 적은 파리다. 슬라임과 기본적으로 같지만 하늘에서 날아다닌다. 죽으면 나락으로 떨어진다.

먼저 슬라임 코드를 작성한다. 기본적으로 플레이어와 구조가 비슷하지만, 훨씬 간단하다.

```
var Slime = function() {
    this.init = function(div, x1, x2, anim) {
        this.div = div;
        this.x1 = x1;
        this.x2 = x2;
        this.anim = anim;
        this.direction = 1;
        this.speed     = 5;
        this.dead      = false;
        gf.transform(div, {flipH: true});
        gf.setAnimation(div, anim.walk);
    };
    this.update = function(){
        if(this.dead){
            this.dies();
        } else {
            var position = gf.x(this.div);
            if (position < this.x1){
                this.direction = 1;
                gf.transform(this.div, {flipH: true});
            }
            if (position > this.x2){
                this.direction = -1;
                gf.transform(this.div, {flipH: false});
            }
            gf.x(this.div, gf.x(this.div) + this.direction * this.speed);
        }
    }
    this.kill = function(){
        this.dead = true;
        gf.setAnimation(this.div, this.anim.dead);
    }
    this.dies = function(){}
};
```

적은 살아있거나 죽은 단 두 가지의 상태만 가진다. 업데이트 함수에서 순찰하거
나 죽는 행동을 생성한다. 하나 특이한 점이라곤 슬라임의 이동 방향을 저장하고
있는 것 뿐이다.

파리의 행동도 매우 비슷해서 구현을 위해 많은 코드가 필요하지 않다.

```
var Fly = function() {}
Fly.prototype = new Slime();
Fly.prototype.dies = function(){
   gf.y(this.div, gf.y(this.div) + 5);
}
```

여기서 자바스크립트의 약간 이상한 문법을 볼 수 있다(prototype 상속이라고 부름). 이것에 대해 자세히 설명하는 것은 이 책의 범위를 넘어서므로 다른 자바스크립트 고급 서적을 살펴보길 바란다. 하지만, 대충 봐도 이해할 수 있다. 하나의 간단한 오브젝트를 만들고 모든 메소드를 다른 클래스로 복사하는 것이다. 그리고 덮어쓰고 싶은 대로 클래스를 수정한다.

여기서는 파리가 죽었을 때 떨어지게 바꾸는 것만 필요하다.

이제 메인 게임 루프에서 플레이어와 충돌했는지 알 수 있도록 적의 업데이트 함수를 호출해줘야 한다. 이미 프레임워크에서 사용했던 로직과 매우 비슷하다.

```
player.update();
for (var i = 0; i < enemies.length; i++){
   enemies[i].update();
   if (gf.spriteCollide(player.div, enemies[i].div)){
      enemies[i].kill();
   }
}
```

다 되었다. 물론 더 많은 것을 추가할 수 있다. 플레이어도 죽을 수 있게 만들고, 적을 밟아서 죽이게 하는 등 원하는 어떤 것이라도 추가할 수 있다. 이 기본 템플릿 위에서 기본 규칙을 정해서 많은 종류의 게임을 만들어낼 수 있다. 최종적으로 게임이 어떻게 보일지 다음 그림을 보자.

정리

타일 맵을 그리는 방법과 스프라이트와 타일 맵과의 충돌을 처리하는 방법을 보았다. 많은 게임에서 사용할 수 있는 객체지향 코드도 사용해 보았다.

앞에서 만든 게임은 많은 부분에서 개선할 부분이 있다. 직접 이렇게 저렇게 수정해보는 것을 권한다. 더 많은 적을 추가하고 플레이어가 적을 밟았을 때만 죽게 하고 플레이어가 레벨 끝에 다달은 것을 확인할 수 있다.

5장에서는 탑뷰 RPG를 만드는 기술을 살펴볼 것이다.

5
원근법으로 표현

여기서는 또 다른 매우 흔한 방법인 탑다운top-down 시점(오버헤드 시점이라고도 함)을 알아볼 것이다. 매우 많은 게임이 이 방법을 사용해서 만들어졌다.

- 건틀릿Gauntlet과 같은 핵앤슬래시 게임

- 에일리언 브리드Alien Breed와 같은 슈팅 게임

- 젤다Zelda나 크로노 트리거Chrono Trigger와 같은 RPG

- 심시티Simcity와 같은 시뮬레이션 게임

- 문명Civilization이나 워크래프트Warcraft와 같은 전쟁 게임

이 게임들은 직교 투영이라고 불리는 시점을 사용한다. 이는 4장에서 만든 것과 같은 타일 맵을 쉽게 적용할 수 있다. 5장에서는 슈퍼 패미컴의 '젤다의 전설: 신들의 트라이포스'와 같은 게임을 만들어 볼 것이다.

그래픽 리소스는 모질라_{Mozilla}에서 현대 브라우저의 능력을 보여주기 위해 만든 매우 훌륭한 오픈 소스 게임인 브라우저 퀘스트(http://browserquest.mozilla.org)의 것을 이용할 것이다.

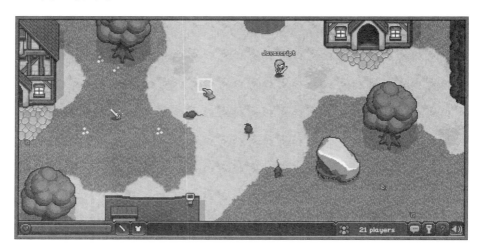

5장에서 살펴볼 내용은 다음과 같다.

- 타일 맵 최적화
- 스프라이트 레벨의 오쿨루전_{occlusion}
- 향상된 충돌 검출

그리고 5장에 마지막에서는 이러한 게임에 마찬가지로 적용할 수 있는 또 다른 방법인 2.5D 혹은 등각투상을 빠르게 훑어볼 것이다.

탑다운 게임을 위한 타일 맵 최적화

4장에서 만든 타일 맵은 횡스크롤 게임처럼 타일을 드문드문 배치하는 경우에는 잘 작동한다. 게임의 한 레벨이 가로로 100타일 세로로 7타일이라면 타일은 실제로 700개보다 훨씬 적을 것이다. 따라서 게임이 시작될 때 모든 타일을 만들어 두는 방법을 쓸 수 있다.

일반적인 탑다운 게임에서는 매우 다른 현상을 찾을 수 있다. 맵을 렌더링하는 순서가 있다. 즉 레벨의 한 차원이 최소 700개의 타일을 갖게 된다. 여러 개의 레이어가 있을 때는 상황이 더 안 좋아진다. 성능을 위해서 레이어의 수를 줄여야 하며, 시작할 때에는 오직 보이는 타일만을 생성해야 한다. 보이는 영역이 이동되면 어떤 타일이 보이지 않게 되었는지 추적하여 삭제하고 어떤 타일이 보이게 되었는지 확인하여 생성해야 한다.

여기에는 트레이드 오프가 있는데, 타일을 추가하고 제거하는 과정은 시간을 잡아먹고 이는 게임이 느려질 수 있는 부분이 된다. 처음에 모두 생성하는 방식은 씬이 매우 큰 양의 타일로 이루어져 있을 경우에 모든 것이 느려질 것이다.

이상적인 방법은 두 방법을 모두 테스트해봐서 목표로 하는 플랫폼에서 더 빠른 방법을 선택하는 것이다. 정말 필요하다면 절충적인 맵을 덩어리 덩어리로 나누어서 생성하는 방법을 쓸 수 있다. 이 방법은 타일을 생성하고 제거하는 데 걸리는 속도를 적절히 조정해서 납득할 만한 수준으로 만들 수 있게 해준다.

여기서는 보이는 타일만 그리도록 프레임워크를 개선할 것이다. 이를 통해 적절한 속도로 적절한 크기의 맵을 이동하는 대부분의 게임에서 만족할 정도의 속도를 얻을 수 있다.

보이는 타일 찾기

이미 어떤 타일이 보이는지 알아내는 코드는 대부분 작성되어 있다. 정확히 말하면 타일이 사각형과 충돌하는 것을 리턴하는 함수를 이용한다. 보이는 타일을 찾기 위해서 그저 화면 사각형을 쓰면 된다.

```
// 보이는 부분 찾기
var offset = gf.offset(parent);
var visible = gf.tilemapBox(options, {
    x:      -options.x - offset.x,
    y:      -options.x - offset.y,
    width:  gf.baseDiv.width(),
    height: gf.baseDiv.height()
});
```

여기서 타일 맵의 오프셋을 찾는 함수를 썼음을 볼 수 있다. 스스로 이동해서 하나 혹은 그 이상의 그룹으로 겹쳐지는 타일이 있을 수 있기 때문이다.

오프셋을 찾기 위해서 현재 엘리먼트와 그 부모 엘리먼트를 모두 살핀다. 부모가 스프라이트나 그룹, 타일 맵이 아니라면 멈춘다. 또한 모든 게임을 담고 있는 베이스 div에서도 멈춰야 한다.

```
gf.offset = function(div){
    var options = div.data("gf");
    var x = options.x;
    var y = options.y;
    var parent = $(div.parent());
    options = parent.data("gf");
    while (!parent.is(gf.baseDiv) && options !== undefined){
        x += options.x;
        y += options.y;
        parent = $(parent.parent());
        options = parent.data("gf");
    }
    return {x: x, y: y};
}
```

해당 부모가 스프라이트나 그룹, 타일 맵인지는 'gf' 키의 데이터가 있는지로 구분한다.

보이는 부분만 그리기 위해서 addTilemap 함수는 그렇게 수정할 부분이 많진 않다. 다음에 나오는 코드에서 강조된 부분이 바뀐 내용이다.

```
gf.addTilemap = function(parent, divId, options){
    var options = $.extend({
        x: 0,
        ...
    }, options);
    // 보이는 부분 찾기
    var offset = gf.offset(parent);
    var visible = gf.tilemapBox(options, {
        x:      -options.x - offset.x,
        y:      -options.x - offset.y,
        width:  gf.baseDiv.width(),
```

```
      height: gf.baseDiv.height()
    });
    options.visible = visible;
    // 행과 열의 프래그먼트 만들기
    var tilemap = gf.tilemapFragment.clone().attr("id",divId).
        data("gf",options);
    for (var i=visible.y1; i < visible.y2; i++){
        for(var j=visible.x1; j < visible.x2; j++) {
            var animationIndex = options.map[i][j];
            ...
        }
    }
    parent.append(tilemap);
    return tilemap;
}
```

타일 맵 이동

이제 어떤 타일이 보이는지 갱신하기 위해 타일 맵의 이동을 추적해야 한다. 엘리먼트를 움직이는 2개의 함수가 있었는데 이를 수정해야 한다.

하지만, 직접 움직이는 타일만 추적해서는 부족하다. 움직이는 부모에 속한 타일까지 확인해서 갱신해야 한다. 자식이나 손자 엘리먼트를 찾기 위해 제이쿼리는 매우 편리한 함수를 제공하는데 바로 .find()이다. 이 함수는 주어진 셀렉터에 맞는 서브엘리먼트를 구해준다.

타일을 쉽게 검출하기 위해서 타일에 gf_tilemap이라는 클래스를 추가한다. 다음 코드는 gf.x 함수에서 바뀐 부분을 강조한 것이다. gf.y 함수도 완전히 같다.

```
gf.x = function(div,position) {
    if(position !== undefined) {
        div.css("left", position);
        div.data("gf").x = position;
        // div가 타일 맵이라면 보이는 부분을 업데이트해야 함
        if(div.find(".gf_tilemap").size()>0){
            div.find(".gf_tilemap").each(function(){
                gf.updateVisibility($(this))});
        }
```

```
        if(div.hasClass("gf_tilemap")){
            gf.updateVisibility($(div));
        }
    } else {
        return div.data("gf").x;
    }
}
```

서브엘리먼트 혹은 그 스스로가 타일 맵인 경우 갱신이 필요하다. 이는 gf.
updateVisibility() 함수에서 할 것이다. 이 함수는 예전에 보이던 영역과 새로
보이는 영역을 비교하여 새로 보이는 것을 찾는다. 즉 예전에 보이고 있던 스프라
이트의 데이터를 저장해두어야 한다.

다음은 이를 위한 완전한 구현 코드다.

```
gf.updateVisibility = function(div){
    var options = div.data("gf");
    var oldVisibility = options.visible;

    var parent = div.parent();
    var offset = gf.offset(div);
    var newVisibility = gf.tilemapBox(options, {
        x:      -offset.x,
        y:      -offset.y,
        width:  gf.baseDiv.width(),
        height: gf.baseDiv.height()
    });
    if( oldVisibility.x1 !== newVisibility.x1 ||
        oldVisibility.x2 !== newVisibility.x2 ||
        oldVisibility.y1 !== newVisibility.y1 ||
        oldVisibility.y2 !== newVisibility.y2){
        div.detach();
        // 오래된 타일 제거
        for(var i = oldVisibility.y1; i < newVisibility.y1; i++){
            for (var j = oldVisibility.x1; j < oldVisibility.x2; j++){
                div.find(".gf_line_"+i+".gf_column_"+j).remove();
            }
        }
        for(var i = newVisibility.y2; i < oldVisibility.y2; i++){
```

```javascript
            for (var j = oldVisibility.x1; j < oldVisibility.x2; j++){
                div.find(".gf_line_"+i+".gf_column_"+j).remove();
            }
        }
        for(var j = oldVisibility.x1; j < newVisibility.x1; j++){
            for(var i = oldVisibility.y1; i < oldVisibility.y2; i++){
                div.find(".gf_line_"+i+".gf_column_"+j).remove();
            }
        }
        for(var j = newVisibility.x2; j < oldVisibility.x2; j++){
            for(var i = oldVisibility.y1; i < oldVisibility.y2; i++){
                div.find(".gf_line_"+i+".gf_column_"+j).remove();
            }
        }
        // 새 타일 추가
        for(var i = oldVisibility.y2; i < newVisibility.y2; i++){
            for (var j = oldVisibility.x1; j < oldVisibility.x2; j++){
                createTile(div,i,j,options);
            }


        }
        for(var i = newVisibility.y1; i < oldVisibility.y1; i++){
            for (var j = oldVisibility.x1; j < oldVisibility.x2; j++){
                createTile(div,i,j,options);
            }
        }
        for(var j = oldVisibility.x2; j < newVisibility.x2; j++){
            for(var i = oldVisibility.y1; i < oldVisibility.y2; i++){
                createTile(div,i,j,options);
            }
        }
        for(var j = newVisibility.x1; j < oldVisibility.x1; j++){
            for(var i = oldVisibility.y1; i < oldVisibility.y2; i++){
                createTile(div,i,j,options);
            }
        }
        div.appendTo(parent);
    }
    // 보이는지 업데이트
    options.visible = newVisibility;
}
```

처음의 4개의 루프는 더 이상 보이지 않게 된 타일을 제거한다. 맨 위와 아래에 있는 타일이 더 이상 보이지 않게 되었는지는 테스트를 하는 대신에 두 개의 루프로 대체한다. 첫 번째 루프는 맨 위에 있는 제거될 타일의 코드이다. 이 루프는 다음 그림처럼 oldVisibility.y1 > newVisibility.y1일 때에는 실행되지 않는다.

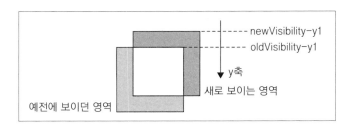

나머지 방향에 대해서도 마찬가지로 적용된다. 새로운 타일을 추가하는 것도 같은 메커니즘을 이용한다. 하나 잊지 말아야 할 점은 가로 방향으로 한 번 만들고 세로 방향으로 또 만들 경우 두 번 만들어지는 타일이 생길 수 있다는 것이다. 다음 그림이 겹쳐지는 타일을 보여준다.

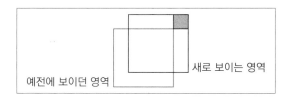

이를 처리하기 위한 우아한 방법이 있지만 여기서는 간단히 이전에 만들었는지 검사하도록 한다. 이는 gf.createTile 함수에서 이루어진다.

```
var createTile = function(div, i,j,options){
    var animationIndex = options.map[i][j];
    if(animationIndex > 0 && div.find(".gf_line_"+i+".gf_column_"+j).
    size() === 0){
        var tileOptions = {
            x: options.x + j*options.tileWidth,
            y: options.y + i*options.tileHeight,
            width: options.tileWidth,
```

```
        height: options.tileHeight
    }
    var tile = gf.spriteFragment.clone().css({
        left:   tileOptions.x,
        top:    tileOptions.y,
        width:  tileOptions.width,
        height: tileOptions.height}
    ).addClass("gf_line_"+i).addClass("gf_column_"+j).data("gf",
    tileOptions);
    gf.setAnimation(tile, options.animations[animationIndex-1]);
    div.append(tile);
    }
}
```

이 두 개의 수정으로 이제 타일 맵은 동적으로 생성된다.

오쿨루젼 정렬

탑다운 시점에는 카메라가 아래를 바로 내려보는 방식과 살짝 기울어져서 내려다 보는 방식이 있다. 다음 그림은 이 두 가지 방식을 보여준다.

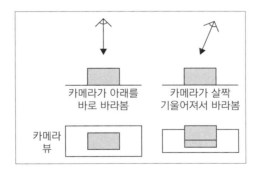

첫 번째 경우는 다른 엘리먼트로 바로 가려져서 보이지 않는 경우만 있다. 이 효과 는 만들기 꽤나 간단하다. 스프라이트와 타일 맵을 해당 고도와 위치에 알맞은 그 룹에 넣으면 된다.

예를 들어 다음 그림처럼 나무와 플레이어가 아래로 지나다닐 수 있는 다리가 있는 상황을 생각해보자.

게임 화면이 다음처럼 구성된다고 볼 수 있다.

일단 이렇게 되면 딱히 걱정할 것이 없다. 플레이어나 NPC non-player character 관점에서 위 혹은 아래로 움직이면, 그저 플레이어나 NPC를 한 그룹에서 지우고 다른 그룹에 더하면 된다.

하지만, 대부분의 최근 게임은 두 번째 방법을 사용한다. 우리가 만들 게임도 이 방법을 사용한다. 이 시점에서는 엘리먼트가 다른 엘리먼트로 완전히 가려지는 것이 아니라 일부분만 가려지는 현상이 발생한다. 다음 그림을 보자.

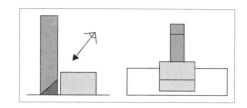

이를 위해 완벽하게 일반화된 방법을 만드는 것은 너무 과도한 부하이고 성능 문제도 야기시킨다. 대신에 우리는 편리한 효과를 가진 다음의 트릭을 사용한다.

스프라이트 오쿨루젼

다음 가정을 하면 스프라이트 처리가 간단해진다.

● 땅은 완전히 평평하다. 바닥은 서로 다른 높이를 가진 몇 개의 '층'으로 구성될 수 있지만 각 층은 완전히 평평하다.
● 두 층의 높이 차이는 가장 큰 플레이어나 NPC의 크기보다 크다.

이런 제한을 주면 스프라이트 오쿨루젼을 다음의 두 규칙으로 관리할 수 있다.

● 한 스프라이트가 다른 스프라이트보다 높은 층에 위치하면 전자가 후자를 가린다.
● 두 스프라이트가 같은 층에 위치하면 y 좌표가 더 큰 스프라이트가 다른 스프라이트를 가린다.

이를 위해 CSS z-index 속성을 사용하는 것이 가장 직접적인 방법이다. 구현은 다음과 같다.

```
gf.y(this.div, y);
this.div.css("z-index", y + spriteHeight);
```

여기서 y 좌표에 스프라이트 높이를 더했다. 스프라이트 오쿨루젼에서 고려하는 것은 스프라이트의 제일 윗부분 좌표가 아니라 바닥 부분의 좌표이기 때문이다.

스프라이트가 한 층 위에 있다면 아래 층에 있는 모든 스프라이트의 z-index보다 크게 만들어야 할 것이다. 0을 최하층으로 하고 1을 그 바로 위층이라고 하는 식으로 구성하면 y 좌표를 통해 생성되는 z-index는 다음 식과 같다.

z-index = y-coordinate + spriteHeight + floorIndex * floorHeight

우리가 만들 게임은 하나의 층만 사용하므로 실제로 위 식은 필요가 없다.

레벨과 스프라이트 오쿨루젼

위에서 한 가정에 의해서 스프라이트 오쿨루젼을 구현하기 위해 해야 할 것은 그렇게 많지 않다. 레벨은 타일 맵으로 이루어진다. 레벨을 디자인할 때 두 타일 맵으로 나뉘어지는데, 바닥으로 깔리는 타일 맵과 그 위에 올라오는 타일 맵이다.

예를 들어 다음의 집과 나무로 구성된 씬을 보자.

한 타일 맵에는 땅과 집의 아래쪽, 나무 밑둥이 들어가고 다른 하나에는 집과 나무의 나머지 부분이 들어간다.

충돌 검출

이 게임에서의 충돌 검출은 이전에 만들었던 것과는 조금 다르다. 스프라이트 바운딩 박스를 이용한 픽셀당 충돌이 아니라 스프라이트의 투명하지 않은 부분이 충돌하는 것을 직접 검출해낸다. 다음 그림을 참고하라.

픽셀마다 겹치는 것을 검사하거나 폴리곤이 충돌하는 것을 직접 검사하지 않고도 충돌을 검출할 수 있는 간단한 방법이 있다. 충돌이 될 부분으로만 구성된 또 하나의 투명한 스프라이트를 사용하는 방법이다.

플레이어와 환경 간의 충돌

이 게임에서는 RPG에서 흔히 사용되는 테크닉을 사용할 것이다. 플레이어 아바타는 하나의 단일 스프라이트로 이루어지지 않고 여러 개의 스프라이트를 하나로 겹쳐 놓는 방식으로 구성한다. 이는 아바타가 무기나 갑옷, 헤어스타일, 피부색 등을 해당하는 조합을 모두 스프라이트로 만들지 않고도 바꿀 수 있게 해준다.

지금 만들 게임에서는 플레이어와 무기 그림 두 개를 이용한다. 이를 하나의 그룹으로 구성할 것이고 그럼 이동할 때 편리하다.

이 두 스프라이트에 환경과 충돌할 부분을 정의한 투명한 스프라이트를 하나 추가한다. 다음 그림은 이를 정확히 보여준다.

보는대로 충돌 박스는 캐릭터의 너비와 같지만 높이는 플레이어보다 꽤 작다. 이는 플레이어가 장애물에 아래쪽에서 접근할 때를 위해서다. 앞의 그림에서 보듯이 플레이어의 머리는 다른 오브젝트의 아래쪽을 가릴 수 있다. 작은 충돌 박스를 사용해서 이런 효과를 얻을 수 있다.

이제 플레이어가 한 레벨의 모든 엘리먼트와 충돌하지 않길 원한다고 생각해보자. 예를 들어 땅과 그 위에 자잘한 것들과 충돌하지 않고 싶다.

방금 레벨을 두 개로 나눠서 만든 것을 기억하자. 충돌 검출을 쉽게 하기 위해서 아래쪽 레벨을 다음과 같은 규칙으로 다시 나누도록 한다.

- 플레이어와 충돌하는 것을 원치 않는 땅의 모든 엘리먼트들
- 플레이어와 충돌할 엘리먼트들

이제 타일 맵은 3개의 레벨을 갖게 된다.

복잡한 레벨의 디자인을 손으로 배열에 값을 넣어가면서 하는 것을 상상할 수 있을까? 대신에 타일 맵 에디터를 사용하도록 한다.

타일 맵 에디터 사용

오픈 소스 타일 맵 에디터는 몇 개가 있다. 이 게임을 위해서 Tiled(http://www.mapeditor.org/)를 사용할 것이다. 이 툴은 타일 맵을 JSON으로 뽑아낼 수 있는 이점을 가지고 있다.

게임에 사용할 타일 맵 이미지는 모질라Mozilla의 브라우저 퀘스트BrowserQuest에서 가져왔다. 그림의 일부분은 다음과 같다.

이 그림에는 풀밭과 모래 땅, 그리고 모래 땅으로 변하는 것을 표현하는 트랜지션 타일로 이루어져 있다. 트랜지션 타일은 반은 투명하고 반은 모래로 되어 있다. 이 타일은 어떠한 땅에서도 모래 땅으로 변할 수 있게 해준다.

따라서 타일 맵을 아직 하나 더 써야 한다. 아래 쪽 타일 맵을 다시 두 개로 나눈다. 하나는 모든 땅 엘리먼트들이고 다른 하나는 투명한 픽셀을 가지고 플레이어와 충돌하지 않는 트랜지션 타일 엘리먼트들이다. 최종적으로는 총 4개의 레벨을 갖는다. 다음 그림을 보면 풀과 모래와 나무로 구성되어 있다.

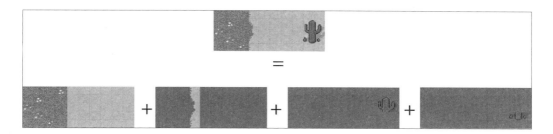

Tiled로 생성한 JSON을 읽어 들이는 모든 코드를 보지는 않을 것이다. 더 자세한 것은 gf.importTiled 함수를 참고하라. 중요한 부분은 제이쿼리의 $.ajax 함수를 사용한다는 것이다. 이 함수를 통해서 JSON 파일을 읽어들일 수 있다. 이 방법은 다음 코드처럼 가능하다.

```
$.ajax({
    url: url,
    async: false,
    dataType: 'json',
    success: function(json){...}
);
```

제이쿼리는 더 간단한 형태의 $.getJSON 함수를 가지고는 있지만 비동기로 호출하기 위해서는 $.ajax를 사용해야만 한다. JSON 파일을 읽어 들이는 데 성공하면 매개변수로 준 success 함수가 한 번 실행된다. 이 함수에서 파일을 읽게 된다.

정확히 어떻게 동작하는지 알고 싶다면 5장에서 만들어진 코드를 확인하도록 하라.

$.ajax 함수를 사용하기 위해 코드를 서버에서 액세스할 수 있게 해야 한다. 단순히 HTML 파일만으로는 브라우저에서 더 이상 동작하지 않는다. 동작하는 서버를 갖고 있지 않다면 윈도우에서는 EasyPHP(http://www.easyphp.org), OS X에서는 MAMP(http://www.mapm.info)를 사용할 수 있다.

플레이어와 스프라이트의 충돌

여기서는 한 가지 종류의 스프라이트와 스프라이트의 충돌만을 지원한다. 플레이어가 적을 공격하거나 NPC와 대화하는 것이다. 이전에 한 것처럼 충돌이 검출된 부분에 투명 스프라이트를 하나 쓴다. 하지만, 이번에는 플레이어 위에 겹치지 않고 다음 그림처럼 플레이어의 앞에 위치하게 된다.

특이할 점은 이 충돌 박스는 플레이어가 향하는 쪽에 위치하게 된다는 것이다. 4장에서 만든 OO 코드가 다음처럼 된다.

```
var player = new (function(){
    // 플레이어 스프라이트와 무기 모두를 담고 있는 그룹
    this.div = $();

    // 플레이어 아바타를 담고 있는 스프라이트
    this.avatar = $();

    // 무기를 담고 있는 스프라이트
    this.weapon = $();

    // 히트 존
    this.hitzone  = $();
```

```javascript
// 충돌 영역
this.colzone = $();

//...
this.update = function () {
    //...
};
this.left = function (){
    if(state !== "strike"){
        if(orientation !== "left" && moveY === 0 &&
        moveX === 0){
            orientation = "left";
            gf.x(this.hitzone, 16);
            gf.y(this.hitzone, 16);
            gf.h(this.hitzone, 128 + 32);
            gf.w(this.hitzone, 64);
            //...
        }
        //...
    }
};
this.right = function (){
    //...
};
this.up = function (){
    //...
};
this.down = function (){
    if(state !== "strike"){
        if(orientation !== "down" && moveY === 0 &&
        moveX === 0) {
            orientation = "down";
            state = "walk";
            gf.x(this.hitzone, 16);
            gf.y(this.hitzone, 192-80);
            gf.w(this.hitzone, 128 + 32);
            gf.h(this.hitzone, 64);
            //...
        }
        //...
```

```
        }
    };
    //...
});
```

강조된 코드가 위치가 변할 때 적과 NPC와 충돌할 박스가 이동하는 코드이다. 이 충돌 박스를 히트 존hit zone이라고 부르자. 왜냐면 이 존이 플레이어가 칼을 휘두르는 영역을 커버하기 때문이다.

히트 존의 알맞은 위치와 크기를 구하기 위해서 이미지를 잘 조정해봐야 한다.

게임 메인 루프에서 히트 존과 적 혹은 NPC가 충돌하는지 체크하자.

```
this.detectInteraction = function(npcs, enemies, console){
    if(state == "strike" && !interacted){
        for (var i = 0; i < npcs.length; i++){
            if(gf.spriteCollide(this.hitzone, npcs[i].div)){
                npcs[i].object.dialog();
                interacted = true;
                return;
            }
        }
        for (var i = 0; i < enemies.length; i++){
            if(gf.spriteCollide(this.hitzone, enemies[i].div)){
                // handle combat
                interacted = true;
                return;
            }
        }
    }
};
```

NPC와 대화

NPC와 인터렉션하는 것은 단방향 대화만 구현한다. 플레이어가 NPC를 치면 한 줄의 대화를 표시한다. 더 표시할 말이 있을 때 다시 치면 다음 줄의 대화가 나타난다.

대화는 화면 아래쪽에 나타내도록 한다. 이 대화는 반투명하게 모든 게임 엘리먼트 위에 표시된다. 이를 위해 다음과 같은 코드를 이용한다.

```
container.append("<div id='console' style='font-family: \"Press Start
2P\", cursive; color: #fff; width: 770px; height: 20px; padding: 15px;
position: absolute; bottom: 0; background: rgba(0,0,0,0.5); z-index:
3000'>");
```

이런 형태의 인터페이스를 콘솔이라고 부른다. 대화 창을 반투명하게 표시하면서 텍스트는 그대로 불투명하게 표시하기 위해 rgba() 함수를 사용했다. 모든 게임 엘리먼트 위에 나타내기 위해서 충분히 큰 z index를 줬다.

텍스트를 콘솔에 표시하기 위해 간단히 .html() 함수를 사용한다. 다음 코드는 NPC를 구현한 완전한 코드다.

```
var NPC = function(name, text, console){
    var current = 0;
    this.getText = function(){
        if(current === text.length){
            current = 0;
            return "[end]";
        }
        return name + ": " + text[current++];
    };
    this.dialog = function(){
        console.html(this.getText());
    }
}
```

그리고 대화를 생성하기 위한 코드다.

```
npcs.push({
    div: gf.addSprite(npcsGroup,"NPC1", {
        x:        800,
        y:        800,
        width: 96,
        height: 96
    }),
    object: new NPC("Dr. Where", ["Welcome to this small
```

```
    universe...","I hope you will enjoy it.","You should head east from
    here...","there's someone you may want to meet."], console)
});
npcs[npcs.length-1].object.div = npcs[npcs.length-1].div;
gf.setAnimation(npcs[npcs.length-1].div, new gf.animation({
    url: "npc/scientist.png"
}));
$("#NPC1").css("z-index",800 + 96);
```

별로 특별할 것이 없다. 그저 알맞은 z index만 주면 된다.

적과 싸움

적과 싸우기 위해서 주사위 굴림을 시뮬레이션 할 필요가 있다. 일반적인 RPG 전투처럼 고정된 공격 수정인자modifier에 주사위를 굴려서 나온 값을 더한다. 이 값은 플레이어가 공격한 순간에 생성된다. 적은 스스로를 방어할 때 방어 수정인자에 주사위를 굴려서 나온 값을 더하게 된다.

플레이어의 공격력이 적의 방어력보다 크다면 공격은 성공하고 적은 플레이어의 공격력만큼 생명을 잃게 된다. 적의 방어력이 더 크다면 공격은 실패하고 적의 생명은 그대로 남는다.

다음 코드는 이 메커니즘을 구현한 것이다.

```
if(gf.spriteCollide(this.hitzone, enemies[i].div)){
    var enemyRoll = enemies[i].object.defend();
    var playerRoll = Math.round(Math.random() * 6) + 5;
    if(enemyRoll <= playerRoll){
        var dead = enemies[i].object.kill(playerRoll);
        console.html("You hit the enemy "+playerRoll+"pt");
        if (dead) {
            console.html("You killed the enemy!");
            enemies[i].div.fadeOut(2000, function(){
                $(this).remove();
            });
            enemies.splice(i,1);
        }
    } else {
```

```
        console.html("The enemy countered your attack");
    }
    interacted = true;
    return;
}
```

플레이어의 전투를 콘솔에 표시할 것이다. 전투에 사용되는 식에는 추가적인 인자를 적용할 수 있는데, 플레이어가 사용하는 무기나 적의 갑옷 같은 것이 있다. 공격을 할 때 어떤 값을 고려할지는 전적으로 독자에게 달려 있다.

여기서 더 복잡한 것은 구현하지 않을 것이다. 그리고 적이 플레이어를 공격할 때에도 위와 같은 메커니즘을 사용할 것이다.

게임 완성

이 게임을 만드는 데 필요한 것은 다 살펴보았다. 나머지 부분의 구현은 4장에서 배운 내용과 그대로 이어진다. 플레이어와 레벨의 충돌을 해결하기 위해 4장에서 보았던 객체지향 코드를 그대로 사용할 것이다.

적이 주변을 배회하며 플레이어를 공격하는 것과 생명력을 표시하는 막대기를 구현, 더 큰 게임 세상의 구현, NPC의 이야기를 더 재미있게 만드는 것 등은 좋은 연습이 될 것이다. 실제로 이런 것이 RPG를 만드는 이유이다. RPG는 이야기를 풀어 나가기 좋다.

등각투상 타일

등각투상isometric으로 타일을 그리는 것은 두 가지 다른 점이 있다. 먼저 직교투영의 격자를 DOM 엘리먼트로 나타내기 매우 쉽지만 등각투상은 더 힘들다. 그리고 오쿨루전 계산도 더 힘들다.

등각투상으로 타일 맵 그리기

타일 맵을 생성하기 위해 트릭을 하나 사용할 것이다. 각 타일은 다음 그림처럼 사각형 안에 투명한 점으로 둘러 쌓여 있다.

두 개의 등각투상 타일 맵을 사용해서 마법을 부릴 것이다. 두 타일 맵을 너비의 절반, 높이의 절반만큼의 오프셋을 줘서 겹치면 다음처럼 보이게 될 것이다.

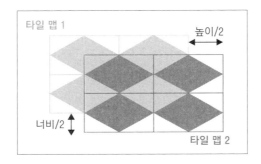

등각투상에서의 오쿨루젼

직교투영에 비해 등각투상은 오쿨루젼 처리가 더 어렵다. 5장에서 배운대로 처리하면 등각투상에서 제대로 오쿨루젼 처리가 되지 않는다. 대신에 레벨(벽이나 나무, 오브젝트 등)에서 각 '블록'의 위치를 z index로 사용해야 한다.

등각투상에서 오쿨루젼은 이전에 플레이어나 NPC, 적에서 사용한 것처럼 타일의 위치에 의존한다. 이는 타일 맵을 생성한 후에 후처리가 필요하다는 것을 의미한다. 이 작업을 자동으로 처리할 수 있게 만드는 것은 꽤 어렵다. 게임이 작다면 손으로 처리할 수도 있을 것이다. 아니라면 각 블록에 위치시킬 3D 모델들이 필요할 것이다.

정리

5장에서 타일 맵으로 할 수 있는 많은 것을 살펴보았다. 이제 독자는 5장과 그 이전에 배운 기술을 이용해서 많은 종류의 게임을 만들 수 있게 되었다. 게임을 만들다 보면 같은 문제점을 여러 번 마주치게 된다. 가장 좋은 해결 방법은 보통 게임에 한계와 제한을 두는 것이다.

게임을 만들 때 처음부터 일반화된 방법을 찾으려고 하지 말고 일단 부분적으로 돌아가게 하는 것에 초점을 맞춰라. 이렇게 하는 것이 일반적으로 더 빠르고 유지보수가 쉽고 구현에 걸리는 시간이 적다.

6장에서는 4장에서 만들었던 플랫포머 게임을 어떻게 멀티레벨 게임으로 구현할 수 있을지 배울 것이다.

6
게임에 레벨 추가

우리가 만든 게임은 아직 하나의 레벨만을 가지고 있다. 이는 데모나 컨셉을 보기 위한 용도로는 충분하지만, 아마 게임에 더 많은 레벨을 넣어보고 싶을 것이다. 여러 개의 레벨을 구현하는 방법은 여러 개 있다. 가장 기본적인 아이디어는 각 레벨이 자신을 설명하는 파일(혹은 파일들)을 각각 갖는다는 것이다.

6장의 앞 부분에서는 게임을 구성하는 파일들을 합칠 수 있는 몇 가지 방법을 알아볼 것이다. 그리고 제이쿼리를 이용해서 이를 할 수 있는 방법을 배운다.

마지막으로 4장에서 만든 게임에 위에서 설명한 기술을 이용해서 3개의 레벨을 추가할 것이다.

다음은 6장에서 살펴볼 내용이다.

- 게임에 여러 개의 파일 사용하기
- $.ajax를 통해서 파일 불러오기
- 원격 자바스크립트 실행하기
- 게임에 새로운 레벨 추가하기

여러 개의 파일을 사용하는 게임 구현

먼저 스스로 질문해보자. "언제 다른 파일이 불러와질까?"고전적인 접근 방식은 하나의 간단한 레벨을 만들고 그 레벨이 끝났을 때 다음 레벨을 불러오는 것이다. 이는 플랫폼 게임의 전형적인 시나리오다.

다른 접근 방식은 하나의 큰 레벨이 존재하고 어떤 점에 닿으면 서브레벨이 불러와지는 것이다. 일반적인 RPG라면 월드는 하나의 큰 레벨이라고 볼 수 있고 건물 내부는 서브레벨이라고 볼 수 있다. 위의 두 경우는 모두 파일을 비동기적으로 불러올 필요는 없다.

마지막으로 살펴볼 방식은 하나의 매우 큰 레벨이 수많은 작은 레벨로 구성되는 것이다. 이런 방식은 흔히 MMORPG에서 사용된다. 이 방식은 플레이어가 알아채지 못하도록 서브레벨을 비동기적으로 불러올 필요가 있다.

위의 경우에서 어떤 것을 선택했느냐에 따라 직면할 문제가 크게 달라진다. 레벨을 불러오는 것은 타일 맵과 스프라이트를 불러오는 것과 로딩하는 방식으로 나눌 수 있다.

타일 맵 불러오기

5장에서 타일 맵을 JSON 파일로 불러왔었다. 이전에 설명한대로 타일 맵의 정보를 담고 있는 JSON을 불러온다. 이를 위해 제이쿼리의 AJAX 함수인 `$.ajax()`를 사용한다. 뒤에서 이 함수를 사용하는 자세한 방법에 대해서 알아볼 것이다.

하지만, 단순히 타일 맵만 불러와서는 레벨에 대해 충분한 정보를 표현할 수 없다. 어디가 레벨이 끝나는 지점인지, 어떤 영역이 플레이어를 죽게 하는지 등의 정보를 더 넣고 싶을 것이다. 흔한 방법으로 타일 맵을 하나 더 사용하는 방법이 있다. 이 타일 맵은 전체가 투명한 타일로 구성되고 타일 맵의 각 타일의 의미를 저장한다.

예를 들면 다음 그림과 같다.

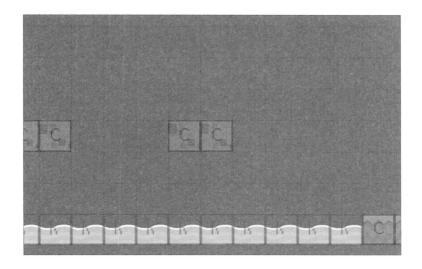

이 방법은 몇 가지 장점을 가지고 있다.

- 다른 형태의 타일에 같은 의미를 쉽게 지정할 수 있다. 예를 들어 풀이 있는 땅과 풀이 없는 땅 타일을 완전히 같은 방법으로 플레이어와 상호작용하게 할 수 있다.

- 완전히 다른 타일 셋을 사용하는 두 레벨에 같은 의미를 줄 수 있다. 이는 레벨에 어떤 이미지를 사용하는지에 상관없이 같은 로직으로 구성할 수 있다.

구현은 별로 어렵지 않다. 다음은 gf.addTilemap 함수의 변경된 코드다.

```
gf.addTilemap = function(parent, divId, options){
    var options = $.extend({
        x: 0,
        y: 0,
        tileWidth: 64,
        tileHeight: 64,
        width: 0, height: 0,
        map: [],
        animations: [],
        logic: false
```

```
    }, options);
    var tilemap = gf.tilemapFragment.clone().attr("id",divId).
    data("gf",options);

    if (!options.logic){
        // 보이는 부분 찾기
        var offset = gf.offset(parent);
        var visible = gf.tilemapBox(options, {
            x:      -options.x - offset.x,
            y:      -options.x - offset.y,
            width:  gf.baseDiv.width(),
            height: gf.baseDiv.height()
        });
        options.visible = visible;
        // 행과 열 프래그먼트 만들기
        for (var i=visible.y1; i < visible.y2; i++){
            for(var j=visible.x1; j < visible.x2; j++) {
                var animationIndex = options.map[i][j];
                if(animationIndex > 0){
                    var tileOptions = {
                        x: options.x + j*options.tileWidth,
                        y: options.y + i*options.tileHeight,
                        width: options.tileWidth,
                        height: options.tileHeight
                    }
                    var tile = gf.spriteFragment.clone().css({
                        left:   tileOptions.x,
                        top:    tileOptions.y,
                        width:  tileOptions.width,
                        height: tileOptions.height}
                    ).addClass("gf_line_"+i).addClass("gf_column_"+j).
                    data("gf", tileOptions);
                    gf.setAnimation(tile, options.
                        animations[animationIndex-1]);
                    tilemap.append(tile);
                }
            }
        }
    }
    parent.append(tilemap);
    return tilemap;
}
```

위에서 보듯이 로직을 위한 타일인지를 표시하는 플래그만 추가되었다. 만약 그렇다면 안에 타일 그림을 만들 필요가 없다.

충돌 검출 함수도 약간 바꿔줘야 한다. 로직을 위한 타일의 경우에 간단히 div를 리턴하는 것이 되지 않는다. 대신에 크기와 위치, 충돌 타입을 포함한 오브젝트를 리턴한다. 다음 코드와 같다.

```
gf.tilemapCollide = function(tilemap, box){
  var options = tilemap.data("gf");
  var collisionBox = gf.tilemapBox(options, box);
  var divs = []
  for (var i = collisionBox.y1; i < collisionBox.y2; i++){
    for (var j = collisionBox.x1; j < collisionBox.x2; j++){
      var index = options.map[i][j];
      if( index > 0){
        if(options.logic) {
          divs.push({
            type: index,
            x:      j*options.tileWidth,
            y:      i*options.tileHeight,
            width:  options.tileWidth,
            height: options.tileHeight
          });
        } else {
          divs.push(tilemap.find(".gf_line_"+i+".gf_
            column_"+j));
        }
      }
    }
  }
  return divs;
}
```

일단 이 구현이 끝나면 레벨을 불러오는 것은 매우 간단해진다. 로직을 위한 타일 맵이 표시되면 게임에는 이미 그 타일과 반응하는 코드가 있으므로 플레이어가 환경과 반응하기 위해 실제로 더 해줄 것이 없다.

스프라이트와 그 행동 불러오기

타일 맵을 각각 다른 파일에서 불러오는 것은 꽤 직설적인 방법이다. 이런 식으로 불러와야 할 레벨의 스프라이트들도 많이 있다.

NPC와 적을 차례로 만들고 설정하는 JSON 파일을 읽는 코드를 구현할 수 있을 것이다. 이 JSON 파일과 타일 맵을 하나의 파일로 합칠 수 있는데, 이렇게 하면 파일 2개를 읽는 대신에 하나만 읽어도 된다. 각각의 파일을 읽을 때에는 파일의 크기보다는 오버헤드가 끼치는 영향이 더 크다. 따라서 대부분의 경우에 파일을 합치면 불러오는 속도가 단축된다. 다음 다이어그램이 이를 보여준다.

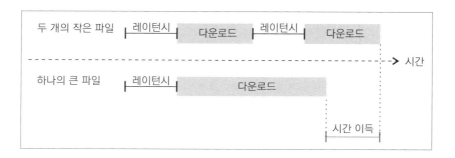

이 방법은 단점도 같이 가지고 있다. 엔진은 모든 적의 행동을 다 알도록 만들어야 한다. 예를 들어 한 종류의 적은 10번째 레벨에서만 나오는 데도 다른 레벨에서도 항상 불러와야 한다. 따라서 모든 레벨이 같은 로딩 시간이 걸리게 된다. 여러 명과 같이 작업 중일 때 한 레벨에서 사용할 새로운 형태의 적을 만들려면 그 레벨만 수정하는 것이 아니라 엔진 자체를 수정해야 한다.

큰 JSON 파일로 나중에 합치기 위해서는 각 JSON 파일의 형식을 신중하게 정해야 한다. 다음 코드는 JSON 파일이 어떤 형태인지를 보여준다.

```
{
  "enemies" : [
    {
      "name" : "Monster1",
      "type" : "spider",
      "positionx" : 213,
```

```
          "positiony" : 11,
          "pathx" : [250,300,213],
          "pathy" : [30,11,11]
        },
        {
          "name" : "Monster2",
          "type" : "fly",
          "positionx" : 345,
          "positiony" : 100,
          "pathx" : [12,345],
          "pathy" : [100,100]
        }
      ],
      "npcs" : [
        {
          "name" : "Johny",
          "type" : "farmer",
          "positionx" : 202,
          "positiony" : 104,
          "dialog" : [
            "Hi, welcome to my home,",
            "Feel free to wander around!"
          ]
        }
      ]
}
```

다른 구현 방법으로는 모든 적을 만들고 설정하는 하나로 완성된 스크립트를 불러오는 것이 있다. 이는 게임과 각 레벨의 결합도를 낮춰서 더 모듈화하기 좋게 된다.

여기에도 단점이 있다. 첫째로 레벨의 코드가 게임의 변수를 덮어쓰지 않도록 주의해야 한다. 여기서 버그가 발생하면 레벨을 불러오는 순서에 따라 결과가 달라질 수 있기 때문에 추적하기가 굉장히 어렵다. 둘째로 새로 레벨을 불러올 때 변수 스코프가 겹치지 않도록 추가적인 주의가 필요하다.

이 예제에서는 두 번째 방법을 사용할 것이다. 게임의 크기가 작아서 적용할 만하고 큰 유연성을 획득할 수 있다.

어떤 방법을 택한다고 하더라도 $.ajax 혹은 그와 연관된 함수를 사용하게 될 것이다. 다음 절에서 이에 대해서 자세히 볼 것이다.

$.ajax 사용

$.ajax는 매우 강력한 저수준의 함수다. 각 특정한 상황에 알맞은 여러 개의 연관된 함수를 가지고 있다.

- $.get은 $.ajax와 다르게 여러 개의 옵션을 받지 않고 하나의 오브젝트만을 받는다. 항상 파일을 비동기적으로 불러온다.
- $.getJSON은 JSON 파일을 비동기적으로 불러올 때 사용한다.
- $.getScript는 스크립트를 비동기적으로 불러와서 실행한다.
- $.load는 HTML 파일을 비동기적으로 불러와서 지정한 엘리먼트에 삽입한다.
- $.post는 $.get과 비슷하지만, POST 요청을 보낸다.

위 함수들을 보면 하나의 공통점을 찾을 수 있다. 바로 모든 함수가 비동기적으로 파일을 불러온다는 것이다. 즉, 리소스를 동기적으로 불러오고 싶다면 $.ajax를 사용해야 한다는 것이다. 하지만, 어떤 매개변수를 넣어야 하는지 안다면 적용하는 게 그렇게 어렵지 않으니 걱정할 것이 없다. 그리고 API 문서를 보면 모든 매개변수는 $.ajax에 사용할 때와 같은 효과를 가진다.

$.ajax를 사용할 때 접근하려는 파일은 서버와 동일 오리진 정책same-origin policy이어야 한다. 그렇지 않다면 대부분의 브라우저에서 문제가 발생한다. $.ajax 사용 방법을 더 자세히 알기 위해서는 제이쿼리 공식 API 문서를 참고하라(http://api.jquery.com/jQuery.ajax/).

JSON 파일 불러오기

JSON 파일은 따로 파싱 코드를 짜지 않고도 외부 파일을 불러올 수 있는 아주 편리한 방법이다. 한 번 불러오면 자바스크립트 오브젝트로 저장된다. 그럼 간단하게 그 프로퍼티를 참조할 수 있게 된다.

$.getJSON 함수를 부르면 $.ajax 함수를 이용해서 다음과 같이 호출하는 것과 비슷하다.

```
$.ajax({
  url: url,
  dataType: 'json',
  data: data,
  success: callback
});
```

위 코드에서 url은 JSON 파일이 위치하는 웹 주소이고, data는 서버에 보낼 선택적인 매개변수 목록이다. 그리고 success는 JSON 파일이 성공적으로 불러와지면 한 번 호출되는 콜백 함수다. 원격 파일에 동기적으로 접근하고 싶다면 함수를 호출할 때 async: false 매개변수를 추가하면 된다.

콜백 함수에서 JSON 파일이 불러와진 후에 처리할 행동을 한다. 함수 형태는 다음과 같다.

```
var callback = success(data, textStatus, jqXHR)
```

data는 JSON 파일로 생성된 오브젝트를 담고 있다. 이 함수에서 작성할 코드는 어떤 일을 하느냐에 따라 완전히 다를 것이다. 다음은 Tiled로 생성한 타일 맵을 불러오는 간략한 버전의 코드다.

```
success: function(json){
  //...
  var layers = json.layers;
  var usedTiles = [];
  var animationCounter = 0;
  var tilemapArrays = [];

  // 어떤 애니메이션을 생성해야하는지 알아내고 타일 배열 인덱스를 변환
  for (var i=0; i < layers.length; i++){
    if(layers[i].type === "tilelayer"){
      // ...
      tilemapArrays.push(tilemapArray);
    }
  }
```

```
// 타일 맵 추가
for (var i=0; i<tilemapArrays.length; i++){
    tilemaps.push(gf.addTilemap(parent, divIdPrefix+i, {
        x: 0,
        y: 0,
        tileWidth:  tileWidth,
        tileHeight: tileHeight,
        width:      width,
        height:     height,
        map:        tilemapArrays[i],
        animations: animations,
        logic: (layers[i].name === "logic")
        }));
    }
}
});
```

강조된 부분은 뻔한 내용이다. 실제로 JSON은 여러 개의 비슷한 엔티티를 설명할 수 있는 엘리먼트의 배열을 가지고 있다. JSON 파일의 스펙을 직접 설계한 것이 아니라면 독자가 실제로 사용할 데이터 구조에 맞게 변환할 필요가 있을 것이다. 이 코드가 하는 일이 바로 그러하다.

여기에는 일반적인 접근이 있을 수가 없고 뭘 하려는지에 따라 다른 코드를 짜야 한다. 그리고 이 코드는 게임에서 몇 번 실행되고 마는 부분이므로 성능에 별 영향을 끼치지 않는다. 따라서 빠른 코드보다는 읽기 쉬운 코드를 작성하도록 한다.

원격 스크립트 불러오기

$.getScript는 $.ajax를 이용해서 다음처럼 작성할 수 있다.

```
$.ajax({
    url: url,
    dataType: "script",
    success: success
});
```

앞에서 했듯이 간단히 `async: false`를 추가해서 동기적으로 불러올 수 있었다. 이 함수는 스크립트를 불러오고 실행하는 두 가지 행동을 한다. 여기서 콜백은 크게 중요하지 않고 스크립트가 제대로 불러와졌는지 여부를 확인하는 정도로 이용한다.

위에서 언급했듯이 스크립트는 전역 스코프에서 실행된다. 이 현상은 코드 구성에 영향을 끼친다. 지금까지 우리가 작성한 코드는 다음과 같은 형태였다.

```
$(function() {
    var someVariable = "someValue";
    var someFunction = function(){
        // 어떤 작업
    }
});
```

모든 함수와 변수는 '사적인private' 스코프에서 정의되어 외부에서 접근이 불가능하다. 즉, 다음과 같은 원격 스크립트는 실패한다.

```
var myVariable = someVariable;
someFunction();
```

실제로 someFunction과 someVariable은 전역 스코프에서 보이지 않는다. 따라서 원격 스크립트에서 실행할 수 있도록 조심스럽게 전역 스코프로 빼내야 한다. 이 경우에는 다음과 같이 될 것이다.

```
var someVariable = "someValue";
var someFunction = function(){
    // 어떤 작업
}
$(function() {
    // 어떤 작업
});
```

지금까지 프레임워크를 작성했던 것처럼 모든 내용을 네임스페이스 안에 넣고 싶을 수 있다. 완성된 프레임워크가 다른 라이브러리처럼 외부에서 사용될 것이 아니라면 코드를 작성하는 사람 취향에 따라 결정하면 된다.

$.ajax에 디버깅 호출

원격 파일을 불러올 때 몇 가지 문제가 발생할 수 있다. 파일의 URL이 더 이상 유효하지 않거나 서버가 꺼져 있을 수 있고, 파일 형식이 잘못되었을 수도 있다. 실제 출시할 제품은 크래시가 나기보다는 이런 경우를 감지하여 사용자에게 알려야 한다. 개발 중에는 코드의 정확히 어떤 부분에서 오류가 났는지 찾아내야 한다.

제이쿼리는 이러한 처리를 위해 .done(), .fail(), .always() 세 개의 함수를 제공한다. 흔히 .success(), .error(), .complete()의 함수가 쓰였으나 이 함수들은 제이쿼리 1.8에서 더 이상 사용되지 않는다.

.done( )

.done()은 success 콜백 함수를 대체한다. 이 함수는 파일이 성공적으로 불러와졌을 때 한 번 호출된다. 콜백 함수는 data, textStatus, jqXHR 세 개의 인자가 순서대로 주어진다.

data는 불러와진 파일이 들어 있으므로 JSON을 읽기 위해서 이 인자를 이용하면 된다.

.fail( )

.fail()은 문제가 발생하면 호출된다. 이 콜백 함수는 jqXHR, textStatus, exception의 세 인자가 순서대로 주어진다.

스크립트를 불러와서 실행할 때 이 함수를 통해 스크립트가 제대로 실행되지 않았는지를 알 수 있다. 실제로 대부분의 브라우저에서 예외가 디버그 콘솔에 표시되지 않지만, exception 인자를 통해 예외가 전달되어 온다.

예를 들어 다음과 같이 스코프 문제가 발생하는 코드를 보자.

```
$(function() {
    var someVariable = "someValue";
    var someFunction = function(){
        // 어떤 작업
    }
});
```

그리고 원격 스크립트는 다음과 같다.

```
someFunction();
```

그럼 다음과 같이 예외를 처리할 수 있다.

```
$.getScript("myScript.js").fail(function(jqxhr, textStatus, exception)
{
    console.log("Error: "+exception);
});
```

코드를 실행하면 다음과 같은 예외가 콘솔에 표시된다.

```
error: ReferenceError: someFunction is not defined
```

이 코드는 서버가 응답하지 않는 등의 문제도 검출해낼 수 있다.

실제 게임에 적용

여러 개의 레벨을 갖는 게임을 만드는 데 필요한 지식은 모두 살펴보았다. 먼저 레벨의 목록을 만들고 이를 불러오는 함수를 만든다.

```
var levels = [
    {tiles: "level1.json", enemies: "level1.js"},
    {tiles: "level2.json", enemies: "level2.js"}
];
var currentLevel = 0;
var loadNextLevel = function(group){
    var level = levels[currentLevel++];

    // 예전 레벨 지우기
    $("#level0").remove();
    $("#level1").remove();
    for(var i = 0; i < enemies.length; i++){
        enemies[i].div.remove();
    }
    enemies = [];

    // 새 레벨 만들기
```

```
        // 먼저 타일
    gf.importTiled(level.tiles, group, "level");

        // 그리고 적
    $.getScript(level.enemies);

        // 마지막으로 타일 맵을 담고 있는 div를 반환
    return $("#level1");
}
```

코드에 강조한 부분은 원격 파일을 불러오는 것이다. 이 함수는 앞에서 설명한 내용이다. 코드는 게임이 끝난 것을 고려하지 않는다. 이는 과제로 남겨둔다.

다음 레벨을 불러오기 전에 먼저 포함된 적을 삭제할 수 있는지 확인해야 한다.

이제 타일을 불러오는 코드를 수정한다. 이는 레벨의 끝에 사용한 타일의 종류를 정의한다. 다음 코드는 충돌 검출이 정확히 어떻게 수정되는지를 보여준다.

```
var collisions = gf.tilemapCollide(tilemap, {x: newX, y: newY, width:
newW, height: newH});
    var i = 0;
    while (i < collisions.length > 0) {
       var collision = collisions[i];
       i++;
       var collisionBox = {
          x1: collision.x,
          y1: collision.y,
          x2: collision.x + collision.width,
          y2: collision.y + collision.height
       };

        // 각 타일의 종류에 따라 다르게 반응
       switch (collision.type) {
          case 1:
             // 충돌 타일
             var x = gf.intersect(newX, newX + newW, collisionBox.
                x1,collisionBox.x2);
             var y = gf.intersect(newY, newY + newH, collisionBox.
                y1,collisionBox.y2);
             var diffx = (x[0] === newX)? x[0]-x[1] : x[1]-x[0];
             var diffy = (y[0] === newY)? y[0]-y[1] : y[1]-y[0];
```

```
            if (Math.abs(diffx) > Math.abs(diffy)){
                // y축에서 움직임
                newY -= diffy;
                speed = 0;
                if(status=="jump" && diffy > 0){
                    status="stand";
                    gf.setAnimation(this.div, playerAnim.stand);
                }
            } else {
                // x축에서 움직임
                newX -= diffx;
            }
            break;
        case 2:
            // 죽는 타일
            // 충돌 타일
            var y = gf.intersect(newY, newY + newH, collisionBox.
                y1,collisionBox.y2);
            var diffy = (y[0] === newY)? y[0]-y[1] : y[1]-y[0];
            if(diffy > 40){
                status = "dead";
            }
            break;
        case 3:
            // 레벨을 끝내는 타일
            status = "finished";
            break;
    }
}
```

코드에서 보듯이 특정 타일에 플레이어가 닿으면 죽도록 하였다. 그러면 다시
레벨의 시작 위치에서 나타나도록 한다. 3번 타입의 타일에 닿으면 플레이어를
finished 상태로 바꾼다. 뒤에서 이 상태를 보고 다음 레벨을 불러오게 된다.

```
if (status == "finished") {
    tilemap = loadNextLevel(group);
    gf.x(this.div, 0);
    gf.y(this.div, 0);
    status = "stand";
    gf.setAnimation(this.div, playerAnim.jump);
}
```

플레이어 위치를 바꾸는 것도 잊으면 안 된다. 그렇지 않으면 다음 레벨의 시작 위치가 아니라 중간에 플레이어가 위치할 수 있다.

이제 다음 레벨에서 필요한 적을 만드는 스크립트를 만들어야 한다. 이전에 만들어 둔 것과 거의 같지만 다른 스크립트 파일에 분리해서 위치하게 된다.

```
var group = $("#group");
var fly1   = new Fly();
fly1.init(
    gf.addSprite(group,"fly1",{width: 69, height: 31, x: 280, y:
    220}),
    280, 490,
    flyAnim );
enemies.push(fly1);

var slime1 = new Slime();
slime1.init(
    gf.addSprite(group,"slime1",{width: 43, height: 28, x: 980, y:
    392}),
    980, 1140,
    slimeAnim
);
enemies.push(slime1);

var slime2 = new Slime();
slime2.init(
    gf.addSprite(group,"slime2",{width: 43, height: 28, x: 2800, y:
    392}),
    2800, 3000,
    slimeAnim
);
enemies.push(slime2);
```

앞에서 살펴보았지만 코드를 수정하지 않고 바로 실행되게 할 수는 없다. 원격 스크립트는 전역 스코프에서 실행되므로 원격 스크립트에서 사용되는 일부분의 코드를 밖으로 뺄 필요가 있다.

이제 적 오브젝트의 애니메이션과 적들을 담는 배열이 필요하다. 이 코드를 간단히 클로저에서 꺼내서 게임 스크립트 시작 부분에 넣는다.

```
var enemies = [];
var slimeAnim = {
    stand: new gf.animation({
        url: "slime.png"
    }),
    // ...
}
var flyAnim = {
    stand: new gf.animation({
        url: "fly.png"
    }),
    // ...
}
var Slime = function() {
    // ...
};
var Fly = function() {}
Fly.prototype = new Slime();
Fly.prototype.dies = function(){
    gf.y(this.div, gf.y(this.div) + 5);
}
$(function() {
    // 게임을 쉬는 동안 여기로 온다.
});
```

이제 게임은 원하던 대로 많은 레벨을 갖게 되었다. 레벨 에디터로 재미있게 조작해보자. 여기서는 적을 바꾸는 것에만 사용하였지만 원한다면 배경을 바꾸는 것도 가능하다.

정리

아주 약간의 추가적인 기술로 게임이 여러 개의 레벨을 갖도록 하였다. 게임 에셋을 여러 파일에 나누고 필요한 것만 불러오는 것을 배웠다. 그리고 타일이 그래픽적인 요소뿐만 아니라 로직에도 사용될 수 있다는 것을 배웠다.

앞에서 언급해왔듯이 게임을 재미있게 만드는 요소는 매우 많다. 따라서 레벨 디자인에 시간을 좀 쏟는 것을 추천한다. 상업 게임은 레벨 디자인에 제일 많은 시간을 할애한다. 잠시 코드 작성을 멈추고 당신만의 맛깔 나는 레벨을 만드는 것에 주저하지 말라.

다음 7장에서는 멀티플레이어 게임을 어떻게 만드는지 배울 것이다. 여기에는 5장에서 만들었던 게임을 사용한다. 그리고 4장에서 만든 게임에 한 것처럼 6장에서 배운 방법을 게임에 적용할 것이다.

7 멀티플레이어 게임 제작

자바스크립트로 많은 종류의 싱글플레이어 게임을 만들 수 있고 재미있기도 하다. 하지만, 웹 브라우저에서 실행되는 게임이라면 멀티플레이어 게임으로 만들고 싶은 큰 유혹이 생기지 않을 수 없다. 7장에서 하고자 하는 내용이 바로 MMORPG를 통해 멀티플레이어 게임을 만들어보는 것이다.

5장에서 만들었던 싱글플레이어 RPG 게임을 수정해서 새로운 MMORPG 게임 World of Ar'PiGi를 만들어보자.

서버 구현은 가장 널리 쓰이는 PHP와 MySQL을 사용할 것이다. PHP와 MySQL을 지원하는 호스팅 등을 가지고 있어야 할 것이다.

이것이 반드시 가장 좋은 솔루션은 아니다. 서버 쪽에 게임을 작성하면 단순히 정적인 페이지를 서비스하는 것으로 끝이 아니라 스케일링에 대해서 주의 깊게 생각해봐야 한다.

- 시스템 하나에 얼마나 많은 유저가 동시에 게임을 할 수 있을지

- 상기한 플레이어 수 제한을 늘리려면 어떻게 해야 할지

- 서버 구동을 위해 얼마를 들일지

- 플레이어에게 제공할 서비스의 질은 어느 정도로 할지

위 문제에 대한 해답은 어떤 기술과 어떤 환경을 선택하느냐에 달려 있다. 이 책에서는 이에 대해 자세히 다루지는 않을 것이다. 7장에서 구현할 서버는 어떤 소프트웨어나 호스팅을 선택하더라도 수십 명의 플레이어는 문제없이 받아들일 수 있다.

7장에서는 다음의 주제를 다룰 것이다.

- 멀티플레이어 게임 기능 명세

- 플레이어 계정 관리

- 플레이어 상태 동기화

- 서버에서 적을 관리

World of Ar'PiGi

이전에 만들었던 RPG를 바탕으로 다음 기능을 구현할 것이다.

- 플레이어는 계정을 만들어서 게임에 로그인할 수 있다.

- 다시 접속했을 때 예전 아바타 모습으로 다시 나타난다.

- 같이 플레이하는 다른 플레이어를 볼 수 있다.

- 아바타 위에 플레이어 이름을 표시한다.

- 적의 상태는 서버에서 관리한다: 누군가 몬스터를 죽이면 다른 플레이어한테도 그렇게 보인다.

다른 제약은 기반으로 한 게임과 같다. 몬스터는 반격하지 않고 주위로 움직여 다니지 않는다.

플레이어 계정 관리

기본적인 것부터 진행해보자. 먼저 플레이어가 계정을 만들고 게임에 로그인하는 것을 구현한다. 서버에 데이터를 저장하기 위해서 데이터베이스MySQL를 사용할 것이다. 테이블 구조는 필요한 정보만 딱 저장할 수 있도록 간단하다. 플레이어 계정 정보는 테이블에 player라는 이름으로 저장한다.

해당 테이블은 다음과 같은 로우row를 가진다.

- NAME: 플레이어 이름을 저장한다. 이 값은 고유하다. 즉, 다른 플레이어 둘이 같은 이름을 가질 수 없다.
- PW: 플레이어의 암호를 저장한다. 이 값은 해시된다(더 자세한 내용은 다음 절 '데이터 베이스에서 요소 찾기'에서 다룸).
- X: 플레이어의 x 좌표를 표현하는 배정밀도 부동소수점 값이다.
- Y: 플레이어의 y 좌표를 표현하는 배정밀도 부동소수점 값이다.
- DIR: 플레이어가 바라보는 방향을 표현하는 정수 값이다.
- STATE: 플레이어 상태를 저장하는 정수 값이다. 서있기, 걷기, 싸우기 상태가 있다.
- LASTUPDATE: 플레이어의 응답을 마지막으로 들은 시각을 저장한다.

게임에 필요한 테이블을 만드는 SQL 스크립트는 create_tables.sql 파일에 저장한다.

유저가 계정을 만들고 로그인할 수 있는 유저 인터페이스를 만들기 위해 게임 화면에 겹쳐지는 몇 개의 div를 사용할 것이다. 화면에는 한 번에 하나씩만 나타나게 될 것이다. 다음 그림은 가능한 유저 인터렉션과 그에 따른 반응이다.

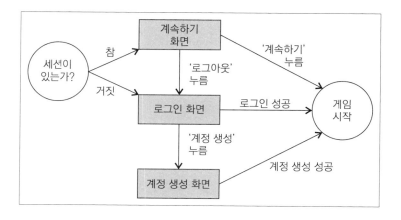

각 화면은 입력 창과 버튼을 포함하는 div이다. 계정 생성 화면을 예로 보도록 한다.

```
<div id="create" class="screen">
    <h1>Create an account</h1>
    <div class="input"><span>name:</span><input id="create-name"
        type="text" /></div>
    <div class="input"><span>pw:</span><input id="create-pw"
        type="text" /></div>
    <a class="button left" id="create-cancel" href="#">cancel</a>
    <a class="button right" id="create-create" href="#">create</a>
</div>
```

CSS로 스타일을 정하고 제이쿼리를 이용해 인터렉션을 처리한다. 이 화면을 위해서 다음과 같은 코드가 필요하다.

```
$("#create-cancel").click(function(e){
    $("#create").css("display","none");
    $("#login").css("display","block");
    e.preventDefault();
});
$("#create-create").click(function(e){
    // 서버와 통신
    e.preventDefault();
});
```

자바스크립트와 HTML이 연결될 수 있도록 ID를 쓴 부분이 강조되어 있다. 별로 특별할 것은 없다.

앞의 코드에는 서버와의 인터렉션 부분은 빼 두었다. 클라이언트(브라우저 위에서 실행되는 게임)와 서버의 통신은 6장에서 다루었던 $.getJSON 함수($.ajax 함수의 축약형)를 통해서 한다.

서버에 정보를 보내기 위해서 $.getJSON 함수의 두 번째 인자를 사용할 것이다. 클라이언트로 정보를 전송하기 위해 서버는 JSON 파일을 생성한다.

계정 생성을 위한 createUser.php라는 파일을 서버에 만들자. $.getJSON 함수는 다음처럼 사용된다.

```
$.getJSON(
    "createUser.php",
    {
        name: $("#create-name").val(),
        pw: $("#create-pw").val()
    },
    handleCreateUserJson
)
```

위에서 보듯 플레이어가 입력한 이름과 암호를 오브젝트로 만들어서 두 번째 인자에 넣어 보낸다. 세 번째 인자는 서버에서 JSON 파일이 리턴될 때 한 번 실행된다.

데이터베이스에서 요소 검색

먼저 JSON 파일을 만들어야 한다. 내용은 매우 간단하다. 플레이어 계정 생성이 제대로 되었는지를 알려준다.

JSON 파일을 만들기 위해 다음 코드를 이용한다. 여러 가지 방법이 있지만 다음 코드는 제일 알기 쉬운 방식이다. JSON 문법이 익숙하지 않다면 http://www.json.org/ 사이트를 한 번 훑어보면 된다.

```
{
    "success" : true,
    "x" : 510,
    "y" : 360,
    "dir" : 0
}
```

이 JSON 파일을 읽고 알맞게 반응하는 함수를 작성하는 것은 별로 어려울 게 없다. 작업이 성공하면 게임을 시작하고 무언가 잘못되었다면 에러 메시지를 띄운다. 다음 코드를 보자.

```
var handleCreateUserJson = function(json,status){
   if (json.success){
      name = $("#create-name").val();
      initialPlayerPos.x = json.x;
      initialPlayerPos.y = json.y;
      initialPlayerPos.dir = json.dir;
      $("#create").css("display","none");
      gf.startGame(initialize);
   } else {
      alert("Name already taken!");
   }
}
```

서버에서 작업할 것도 간단하다. 서버에서 어떤 작업이 진행될지 살펴보자. 먼저 클라이언트에서 보내진 매개변수를 얻어야 한다. 클라이언트에서 $.getJSON 함수를 사용해 JSON 파일을 GET으로 요청한다. 즉, PHP의 $_GET 초전역super-global 변수를 통해 얻을 수 있다. 민감한 정보를 서버로 전달할 때에는 대신 POST 요청을 사용해야 한다(그렇더라도 완전히 매개변수를 숨길 수는 없다.). $_GET 변수에는 클라이언트에서 보내진 모든 매개변수를 가지고 있다. 따라서 다음처럼 사용할 수 있다.

```
$name = $_GET['name'];
$pw   = $_GET['pw'];
```

이름과 암호를 변수에 저장한다. 이제 데이터베이스에서 해당 이름이 이미 사용 중인지 검사해야 한다. PHP에서 SQL 쿼리를 수행하기 위해 mysqli(http://php.net/manual/en/book.mysqli.php)를 사용한다.

```
// 1) DB 서버에 접속
$link = mysqli_connect('localhost', 'username', 'password');

// DB 선택
mysqli_select_db($link, 'rpg');

// DB에 쿼리
$result = mysqli_query($link, 'SELECT * FROM players WHERE name =
"'.$name.'"');
```

 위 코드를 실제 서비스에 사용하는 서버에는 사용할 수 없다. 위 코드에는 SQL 인젝션 공격의 위험이 있다! SQL 쿼리에 문자열을 넣기 전에 꼭 이스케이프를 해야 한다. 간단한 방법으로 mysqli_escape(http://www.php.net/manual/en/mysqli.real-escape-string.php)를 사용할 수 있다.

SQL 쿼리에 대해서 자세히는 다루지 않을 것이다. 위 쿼리는 읽기에도 간단하고 꽤 쉽다. SQL에 대해서 더 자세히 알고 싶다면 인터넷 검색을 하거나 이 주제에 대한 다른 많은 책을 읽어보면 된다.

쿼리에 대한 결과를 얻어서 DB에서 해당 이름의 요소가 존재하는지 검사한다. 간단히 다음 코드로 처리할 수 있다.

```
$obj = mysqli_fetch_object($result);
```

$obj가 0이라면 새 계정을 만들 수 있다.

데이터베이스에 새 플레이어 생성

데이터베이스에 플레이어를 만들기 전에 먼저 암호에 대해서 살펴보자. 암호를 절대로 데이터베이스에 그대로 저장해서는 안 된다. 역사적으로 데이터베이스가 해킹된 경우는 자주 있어 왔다. 추천하는 방법은 저장하기 전에 암호를 해시하는 것이다. 그럼 간단히 보내진 암호를 해시해서 데이터베이스에 저장된 값과 비교하면 된다.

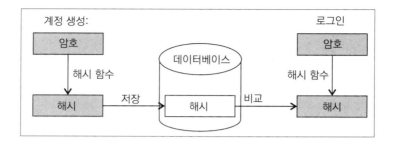

여기서 PHP의 hash 함수를 사용한다. 간단히 유저 이름과 해시, 플레이어의 시작 위치를 데이터베이스에 저장하면 된다.

이 작업은 쿼리 하나로 된다. 위에서 이미 이름이 존재하는지 찾는 것과 완전히 같은 함수를 사용한다.

```
$hash = hash('md5', $pw);
$query = 'INSERT INTO players (name, x, y, dir, pw, state)
VALUES("'.$name.'", 510, 360, 0, "'.$hash.'", 0)';
mysqli_query($link, $query);
```

위 코드에서 강조된 첫 번째 인자가 hash 함수다. 이를 해시 메소드라고 부르는데, 이 코드에서 사용된 'md5'는 실제로 서비스되는 서버에서는 추천하지 않는다. 요새는 꽤 쉽게 파해가 가능하기 때문이다. 사용할 수 있는 메소드를 확인하기 위해서는 해시 함수 문서인 http://www.php.net/manual/en/function.hash.php를 참고하면 된다.

이제 클라이언트가 받을 JSON을 만들 수 있다. 이는 PHP의 json_encode 함수를 통해서 가능하다(http://php.net/manual/en/function.json-encode.php). 이 함수는 하나의 오브젝트를 받아서 JSON 형식의 문자열로 변환한다.

```
$json['success'] = true;
$json['x'] = 510;
$json['y'] = 360;
$json['dir'] = 0;

echo json_encode($json);
```

그럼 클라이언트가 받을 파일의 전체적인 그림을 보자. 완전한 코드는 다음과 같이 써진다.

```php
<?php
    session_start();
    include 'dbconnect.php';

    // JSON 오브젝트
    $json = array('success'=>false);
    $name = $_GET['name'];
    $pw = $_GET['pw'];
    if(isset($name) && isset($pw)) {
        $hash = hash('md5', $pw);
        $query = 'SELECT * FROM players WHERE name = "'.$name.'"';
        $result = mysqli_query($link, $query);
        $obj = mysqli_fetch_object($result);
        if(!$obj){
            $query = 'INSERT INTO players (name, x, y, dir, pw, state)
            VALUES ("'.$name.'", 510, 360, 0, "'.$hash.'", 0)';
            $result = mysqli_query($link, $query);
            $_SESSION['name'] = $name;
            $_SESSION['pw'] = $pw;
            $json['success'] = true;
            $json['x'] = 510;
            $json['y'] = 360;
            $json['dir'] = 0;
        }
    }
    echo json_encode($json);
    // DB 연결 닫기
    mysqli_close($link);
?>
```

보다시피 dbconnect.php를 인클루드include하였다. 이렇게 하면 하나의 파일에서 데이터베이스 설정을 하면 어디서든지 데이터베이스 연결이 필요할 때 불러다 쓸 수 있다. 다른 서버 측의 코드에도 이런 기본적인 함수가 사용된다.

플레이어 연결 유지

아직 설명하지 않은 구현 내용이 있다. 코드를 보면 유저 이름이 세션에 저장되어 있다.

이를 통해 플레이어가 매번 이름을 보내지 않더라도 서버가 플레이어의 이름을 알 수 있게 된다. 또한 세션이 유효한 동안 플레이어가 다시 유저 이름과 암호를 넣지 않더라도 계속해서 플레이를 할 수 있다.

7장 도입부의 흐름도를 보면 유저가 게임을 재개하는 화면이 있을 것이다. 이는 서버에서 아직 유효한 세션이 유지될 때에 보이게 된다. 이를 검사하기 위해 session.php라는 파일을 만든다. 다음을 보자.

```php
<?php
    session_start();

    // MySQL 연결
    include 'dbconnect.php';
    // JSON 오브젝트
    $json = array('connected'=>'false');
    if(isset($_SESSION['name'])) {
        $query = 'SELECT * FROM players WHERE name = "'.$_
            SESSION['name'].'"';
        $result = mysqli_query($link, $query);
        $obj = mysqli_fetch_object($result);
        if($obj){
            $json['name'] = $_SESSION['name'];
            $json['x'] = floatval($obj->x);
            $json['y'] = floatval($obj->y);
            $json['dir'] = intval($obj->dir);
        } else {
            session_destroy();
        }
        mysqli_free_result($result);
    }
    echo json_encode($json);
    mysqli_close($link);
?>
```

간단히 세션에 name이 있는지 검사한다. 여기서 하나 더 해줘야 하는 것은 데이터 베이스에서 해당 플레이어 정보를 가져오는 것이다. 이 정보에서 플레이어의 마지막 좌표, 유저이름과 암호가 정말 맞는지를 알 수 있다.

세션에 좌표를 저장하지 않을 것이다. 따라서 플레이어는 여러 개의 기기나 브라우저에서 같은 계정으로 접속할 수 있다(동시에 접속은 하지 못함).

일단 데이터베이스 요청이 실행되면 mysql_result를 통해서 결과를 읽을 수 있다. 이 함수는 세 인자를 받는다.

1. mysql_query로 생성된 쿼리의 결과
2. 읽고 싶은 결과의 인덱스. 이는 쿼리가 하나 이상의 결과를 돌려줄 수 있기 때문에 필요하다(예를 들어 player 테이블에서 모든 계정을 얻는 것 등).
3. 읽고 싶은 필드의 이름

이 정보를 얻었다면 이제 JSON 파일 형태로 바꿔서 보낼 수 있다.

클라이언트 측에서는 게임 제일 처음 시작할 때 화면에 계속하기 혹은 로그인 화면을 띄우고 다음 함수를 호출하게 된다. 보통 $.getJSON을 이용하게 된다.

```
$.getJSON(
    "session.php",
    function(json){
        if(json.connected){
            name = json.name;
            initialPlayerPos.x = json.x;
            initialPlayerPos.y = json.y
            initialPlayerPos.dir = json.dir;
            $("#session-name").html(name);
            $("#session").show(0);
        } else {
            $("#login").show(0);
        }
    }
);
```

저번에 했던 것과 거의 유사함을 알 수 있다.

유저가 게임에 로그인

존재하는 세션이 있는지를 검사하는 것이 구현의 대부분이다. 서버에서 유저의 이름과 암호가 맞는지 검사하고 위치를 돌려주는 요청을 만들어야 한다.

클라이언트에서는 암호가 틀렸다면 경고를 표시하고 맞았다면 게임을 시작하면 된다.

사용할 JSON은 다음과 같다.

```
{
    "success" : true ,
    "x" : 154,
    "y" : 1043,
    "dir" :0
};
```

유저 이름과 암호가 맞지 않다면 success는 false가 될 것이다. 암호가 맞았다면 위의 JSON처럼 값이 돌아온다. 코드는 이미 위에서 봤던 것과 크게 다를 것이 없으므로 따로 적지는 않는다.

플레이어 동기화 유지

앞에서 본 내용으로 게임에 로그인할 수 있게 되었다. 하지만, 서버에서 클라이언트로 다른 모든 플레이어의 위치를 어떻게 알려줄 것인지는 아직 보지 않았다. 다음 그림은 클라이언트와 서버가 어떻게 동작하는지를 나타낸다.

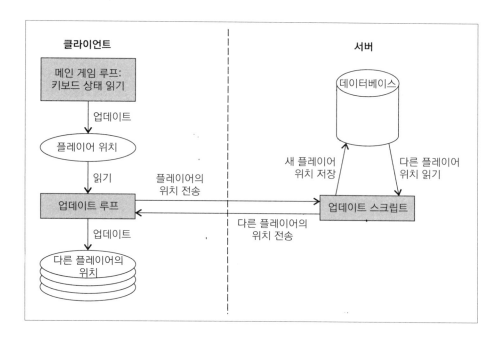

두 가지를 하나의 JSON으로 처리할 것이다. 플레이어의 현재 위치를 서버로 전송하는 것은 위에서 유저 이름과 암호를 전달했던 것과 같은 방식이다. 서버는 그 결과로 다른 모든 플레이어의 위치를 JSON 파일로 되돌려준다.

```
{
    "players" : [
        {"name": "Alice", "x": 23, "y": 112, "dir": 0, "state": 0},
        {"name": "Bob", "x": 1004, "y": 50, "dir": 2, "state": 1}
    ]
};
```

먼저 서버를 살펴보자. 두 개의 쿼리가 필요하다. 먼저 모든 플레이어의 목록을 얻는 것이고 둘째로 현재 플레이어의 상태를 업데이트하는 것이다.

다른 모든 플레이어의 정보 얻기

간단히 말해 player 테이블에서 현재 플레이어를 제외한 모든 정보를 얻는 것이다. 주의해야 할 점은 현재 게임을 하고 있는 플레이어의 정보만을 얻고 싶다는 것이다.

온라인에서는 매우 많은 상황이 발생할 수 있기 때문에 해당 플레이어의 연결이 끊어졌는지 만으로 현재 플레이 중인지 판별하기 어렵다. 따라서 우리는 타임스탬프를 사용할 것이다. 플레이어 위치를 업데이트 할 때마다 현재 시각을 타임스탬프로 저장한다.

이 방법으로 현재 시각과 타임스탬프를 비교해 현재 플레이 중인지 판별할 수 있다. 많은 기준이 있겠지만 우리는 플레이어가 10분 동안 움직이지 않았을 때를 오프라인이라고 보기로 한다. 그럼 쿼리는 다음처럼 된다.

```
$query = 'SELECT * FROM players WHERE lastupdate >
TIMESTAMPADD(MINUTE, -10, NOW()) AND name <> "'.$_GET['name'].'"';
```

현재 플레이어와 이름이 다른지 확인하는 것을 볼 수 있다(⟨⟩는 SQL에서 "같지 않음"을 뜻함).

결과를 읽어서 서버의 응답으로 출력하는 코드는 다음과 같다.

```
$result = mysqli_query($link, $query);
while ($obj = mysqli_fetch_object($result)) {
    array_push($json['players'], array('name'=>$obj->name,
        'x'=>floatval($obj->x), 'y'=>floatval($obj->y), 'dir'=>intval($obj-
        >dir), 'state'=>floatval($obj->state)));
}
mysqli_free_result($result);
```

데이터베이스에 현재 플레이어의 정보를 얻어오는 것과 유사하다. 따라서 코드가 매우 익숙할 것이다.

현재 플레이어의 위치 업데이트

현재 플레이어의 정보를 가지고 있는 엔트리를 업데이트하기 위해 다음과 같은 쿼리를 사용할 수 있다.

```
mysqli_query($link, 'UPDATE players SET x='.$x.', y ='.$y.',
dir = '.$dir.', state = '.$state.', lastupdate = NOW() WHERE
name="'.$name.'"');
```

이 쿼리에서 결과를 읽을 필요는 없다.

클라이언트 코드

이제 서버로 현재 플레이어의 위치를 전송하는 코드를 작성한다. 이는 $.getJSON에
적당한 인자를 넣어서 호출하는 것 이상으로 복잡하지 않다. 한 가지 플레이어의 방
향을 정수로 인코딩해야 하는 것을 잊지 말자(그렇게 데이터베이스에 저장하기로 했었음).

이를 위해 플레이어 오브젝트에 두 개의 새로운 메소드를 작성한다.

```
this.getState = function(){
   switch (state){
      case "idle":
         return 0;
      case "walk":
         return 1;
      case "strike":
         return 2;
      default:
         return 0;
   }
};

this.getOrientation = function(){
   switch (orientation){
      case "down":
         return 0;
      case "up":
         return 1;
      case "left":
         return 2;
      default:
         return 3;
   }
};
```

이제 간단히 getJSON을 호출하면 된다.

```
$.getJSON(
    "update.php",
    {
        name: name,
        x: gf.x(player.div),
        y: gf.y(player.div),
        dir: player.getOrientation(),
        state: player.getState()
    },
    updateOthers
);
```

이제 작성할 콜백 함수는 아마 7장을 통틀어 가장 복잡한 부분일 것이다. 모든 플레이어의 목록을 훑으면서 처음 보는 플레이어가 나타나면 새 플레이어를 맵에 생성한다. 플레이어가 움직였다면 그 플레이어의 위치를 업데이트한다. 플레이어가 게임에서 나갔다면 플레이어를 제거한다.

```
function(json,status){
    // 여기서 다른 모든 플레이어의 위치를 업데이트해야 함
    var existingOthers = {};
    var players = json.players
    for (var i = 0; i < players.length; i++){
        var other = players[i];
        existingOthers["other_"+other.name] = true;
        var avatar, weapon;
        var div = $("#other_"+other.name);
        var created = false;

        if(div.size() > 0){
            avatar = $("#other_"+other.name+"_avatar");
            weapon = $("#other_"+other.name+"_weapon");
            // 업데이트
            gf.x(div, other.x);
            gf.y(div, other.y);
            div.css("z-index",other.y + 160);
        } else {
            var created = true;
```

```javascript
    // 다른 플레이어 만들기
    div = gf.addGroup($("#others"), "other_"+other.name, {
        x: other.x,
        y: other.y
    })
    others.push( div );
    div.css("z-index",other.y + 160);
    avatar = gf.addSprite(div, "other_"+other.name+"_avatar", {
        x: (192-128)/2,
        y: (192-128)/2,
        width: 128,
        height: 128
    });
    weapon = gf.addSprite(div, "other_"+other.name+"_weapon", {
        width: 192,
        height: 192
    });
    div.append("<div style='font-family: \"Press Start 2P\";
    background: rgba(0,0,0,0.5); padding: 5px; color: #FFF; width: 192px;
    position: absolute;'>"+other.name+"</div>");
    div.data("state", {dir: other.dir, state: other.state});
}

// 알맞은 애니메이션 세팅
if(created || other.state !== div.data("state").state || other.
dir !== div.data("state").dir){
    div.data("state", {dir: other.dir, state: other.state});
    gf.transform(avatar, {flipH: false});
    gf.transform(weapon, {flipH: false});
    var pAnim = playerAnim.stand;
    var wAnim = weaponAnim.stand;
    if(other.state === 1){
        pAnim = playerAnim.walk;
        wAnim = weaponAnim.walk;
    } else if (other.state === 2){
        pAnim = playerAnim.strike;
        wAnim = weaponAnim.strike;
    }
    if(other.dir === 0){
        gf.setAnimation(avatar, pAnim.down, true);
```

```
            gf.setAnimation(weapon, wAnim.down, true);
        } else if (other.dir === 1){
            gf.setAnimation(avatar, pAnim.up, true);
            gf.setAnimation(weapon, wAnim.up, true);
        } else {
            gf.setAnimation(avatar, pAnim.side, true);
            gf.setAnimation(weapon, wAnim.side, true);
            if(other.dir === 2){
                gf.transform(avatar, {flipH: true});
                gf.transform(weapon, {flipH: true});
            }
        }
    }
}

// 나간 플레이어 제거
for (var i = others.length-1; i >= 0; i--){
    var other = others[i];
    if(!existingOthers[other.attr("id")]){
        other.fadeOut(2000, function(){
            $(this).remove();
        });
        others.splice(i,1);
    }
}
setTimeout(updateFunction,100);
}
```

앞 부분은 다른 플레이어의 위치를 업데이트하고 생성한다. 뒤 부분은 플레이어
방향에 맞추어 알맞은 애니메이션을 세팅한다.

모든 플레이어의 목록을 훑었는데도 없는 플레이어가 있다면 게임에서 제거한다.

마지막으로 $.getJSON 함수를 100밀리초 후에 다시 실행하도록 타임아웃을 세팅
한다. 이 주기는 서버 부하와 게임의 부드러움 간의 트레이드오프가 있다. 따라서
게임에 맞게 세세하게 조절할 필요가 있다.

몬스터 다루기

이제 슬슬 게임이 흥미로워지기 시작한다. 한 플레이어가 몬스터를 죽였을 때 이를 다른 플레이어들이 알 수가 없다. 이는 아주 특별한 경우에는 허용이 되겠지만 대부분의 경우에 원하는 방식이 아니다.

해결 방법은 적과 전투를 서버에서 관리하는 것이다. 따라서 데이터베이스에 적 정보를 저장해둬야 한다. 이 테이블에는 다음과 같은 정보를 저장한다.

- 유일하게 식별할 수 있는 적의 ID
- 적의 타입(해골, 오거 등). 플레이어가 몬스터를 어떻게 보게 될지를 정의한다.
- 적의 x, y 좌표
- 플레이어가 죽일 수 있는 생명력
- 전투 시스템에서의 방어력
- 몬스터가 죽었을 때 다시 태어나는 주기

이제 주기적으로 클라이언트에 이 적들의 위치와 정보를 전송할 것이다. 위에서 플레이어의 위치를 보내는 것을 봤다. 이를 확장해서 적의 정보도 같이 보낼 수 있도록 한다.

JSON 파일은 간단히 다음과 같다(강조한 부분이 새로운 부분).

```
{
    "players" : [
        {"name": "Alice", "x": 23, "y": 112, "dir": 0, "state": 0},
        {"name": "Bob", "x": 1004, "y": 50, "dir": 2, "state": 1}
    ],
    "enemies" : [
        {"name": "enemy1", "type" : "ogre", "x": 2014, "y": 200},
        {"name": "enemy2", "type" : "skeleton", "x": 220, "y": 560}
    ]
};
```

아직 살아있는 적을 데이터베이스에서 찾는 쿼리는 다음과 같다.

```
SELECT * FROM enemies WHERE life <> 0
```

적의 위치를 JSON에 쓰는 것은 위에서 본 코드와 완벽히 일치한다. 따라서 다시 쓰지는 않겠다. 원한다면 전체 소스를 따로 찾아서 보도록 하라.

서버에서 전투 구현

서버에서 적과의 전투를 구현하기 위해 클라이언트에서 서버로 전투의 결과를 전송하는 방법이 있다. 이 방식에는 매우 심각한 문제가 있는데 클라이언트에서 정보를 수정해서 실제 전투와 다른 결과를 서버로 보내는 해킹이 가능하다. 그리고 많은 플레이어와 하나의 적의 전투를 처리하기가 매우 어렵다.

우리는 대신 다음 그림과 같은 다이어그램으로 구현할 것이다.

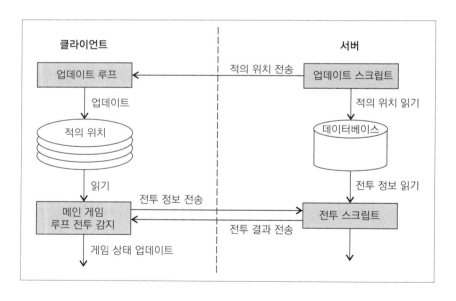

클라이언트의 코드는 다음과 같다.

```
this.detectInteraction = function(npcs, enemies, console){
    if(state == "strike" && !interacted){
        // ... NPC와의 인터랙션은 여기에 작성 ...
        for (var i = 0; i < enemies.length; i++){
            if(gf.spriteCollide(this.hitzone, enemies[i].div)){
                var enemyRoll = enemies[i].object.defend();
                var playerRoll = Math.round(Math.random() * 6) + 5;
                if(enemyRoll <= playerRoll){
                    var dead = enemies[i].object.kill(playerRoll);
                    console.html("You hit the enemy
                        "+playerRoll+"pt");
                    if (dead) {
                        console.html("You killed the enemy!");
                        enemies[i].div.fadeOut(2000, function(){
                            $(this).remove();
                        });
                        enemies.splice(i,1);
                    }
                } else {
                    console.html("The enemy countered your attack");
                }
                interacted = true;
                return;
            }
        }
    }
}
```

이제 간단히 JSON을 얻는다.

```
this.detectInteraction = function(npcs, enemies, console){
    if(state == "strike" && !interacted){
        // ... NPC와의 인터랙션은 여기에 작성 ...
        for (var i = 0; i < enemies.length; i++){
            if(gf.spriteCollide(this.hitzone, enemies[i])){
                $.getJSON("fight.php",
                    { name : enemies[i].attr("id") },
                    function(json){
                        if (json.hit){
                            if (json.success){
                                if(json.killed){
```

```
                console.html("You killed the enemy!");
            } else {
                console.html("You hit the enemy
                    "+json.damage+"pt");
            }
        } else {
            console.html("The enemy countered your
                attack");
        }
    }
})
        interacted = true;
        return;
    }
  }
}
};
```

JSON은 전투에 대한 두 개의 플래그를 갖는 것을 볼 수 있다. 첫 번째가 hit으로 정말로 전투가 일어났다면 true가 된다. 클라이언트가 알아채지 못한 채로 적이 이미 죽어있는 경우가 있을 수 있기 때문에 이 값이 필요하다. 그리고 success는 적이 방어했다면 false, 방어에 실패했다면 true가 된다.

서버의 전투 로직은 fight.php 파일에 작성된다. 클라이언트 로직의 거의 그대로의 복사본이라고 볼 수 있다.

```
$query = 'SELECT * FROM enemies WHERE life <> 0 AND name =
"'.$name.'"';
$result = mysqli_query($link, $query);
$obj = mysqli_fetch_object($result);
if ($obj) {
    $playerRoll = rand ( 5 , 11 );
    $enemyRoll = rand ( $obj->defense, $obj->defense + 6);
    $json['hit'] = true;
    if ($playerRoll > $enemyRoll){
        $json['success'] = true;
        if($playerRoll > $obj->life){
            $json['killed'] = true;
            // DB 업데이트
```

```
        mysqli_query($link, 'UPDATE enemies SET life = 0 WHERE
        name = "'.$name.'"');
    } else {
        $json['killed'] = false;
        $json['damage'] = intval($playerRoll);
        // DB 업데이트
        mysqli_query($link, 'UPDATE enemies SET life = '.($obj
            ->life - $playerRoll).' WHERE name = "'.$name.'"');
    }
  }
}
```

강조된 부분은 클라이언트에서 빼서 서버로 옮긴 코드다. 이로써 전투에 필요한 모든 작업이 완료되었다.

적이 죽으면 주기적으로 다시 태어나도록 해야 한다. 가장 확실한 방법은 정기적인 간격으로 서버 스크립트가 실행되도록 cron 명령어를 이용하는 것이다. 아니면 꼼수로 플레이어가 로그인하는 시점 등에서 처리하는 방법도 있다.

정리

7장에서 만들어본 게임은 이 책에서 가장 복잡한 게임이라고 볼 수 있다. 이 게임에 PvP 시스템이나 채팅 기능을 추가할 수 있다. 그리고 7장에서 배운 내용을 바탕으로 위 기능을 모두 구현할 수 있다!

하지만, 각각의 파일을 비동기적으로 부르는 것은 우아한 방법이라고 볼 수 없다. 굉장히 최신의 브라우저만을 타깃으로 하는 게임이라면 웹소켓 API를 통해서 브라우저와 서버의 양방향 통신을 사용할 수 있다.

다른 방법으로 롱 폴링long polling 기법을 이용하여 서버와 영구적인 연결을 유지하는 것이 있다.

다음 8장에서는 예전에 만들었던 플랫포머 게임을 페이스북, 트위터와 연동하여 최고 점수를 기록하도록 수정해 볼 것이다.

8

소셜 게임 제작

비디오 게임이 처음 나왔을 때부터 게임에 대한 흥미를 계속 유지시켜주는 수단으로 점수판leaderboard이 사용돼왔다. 점수판은 플레이어가 게임을 계속하게 하는 간단한 방법이다. 플레이어는 매 플레이마다 더 좋은 점수를 얻으려고 할 것이고, 친구 혹은 전 세계의 다른 플레이어보다 더 잘하려고 할 것이다.

소셜 네트워크는 플레이어의 점수를 간단히 타임라인(혹은 피드)에 올리는 것으로 새로운 차원을 만들어 냈다. 여기에는 많은 장점이 있는데, 새로 게임을 플레이할 법한 사람들에게 게임을 알릴 수 있다. 어떤 사람이 자신의 친구가 게임을 플레이하는 것을 보았다면 그도 게임을 하려고 할 수 있다!

8장에서는 먼저 간단한 서버를 작성하여 7장에서 배운 것처럼 점수판을 만드는 것을 볼 것이다. 그리고 플레이어가 어떻게 자신의 트위터 계정을 이용하여 게임에 로그인할 수 있는지를 배운다.

마지막으로 페이스북을 통해서 로그인하고, 플레이어의 타임라인에 이벤트를 올리고 업적을 만드는 것을 배운다.

여기서 중요한 것은 페이스북과 트위터의 정책을 준수해야 하고 정책의 변화를 항상 지켜봐야 한다는 것이다. 이전에 허용된 애플리케이션이나 게임이라도 정지될 수 있다.

여기서는 트위터와 페이스북 두 개를 살펴보겠지만 비슷한 다른 서비스들도 거의 비슷한 메커니즘을 가지고 있다.

이 내용들을 다음 순서로 살펴볼 것이다.

- 직접 호스팅하는 간단한 점수판
- 해킹을 어렵게 하기
- 트위터와 연동하여 플레이어 점수를 트윗할 수 있게 하기
- 페이스북과 연동하여 승리 업적을 달성할 수 있게 하기

간단한 점수판 제작

실제로 점수판은 점수를 저장하는 테이블을 갖는 데이터베이스가 필요하다. 7장에서처럼 서버 작성을 위해 PHP와 MySQL을 사용할 것이다. 점수판은 그렇게 서버 자원을 사용하지는 않는다. 한 플레이어가 점수판을 위해서 많아 봐야 10초에 한 번의 요청도 하지 않겠지만, 7장에서 만들었던 MMORPG는 1초에 더 여러 번의 요청을 했었다.

먼저 점수의 단위가 필요하다. 여기서는 간단히 플레이어가 한 레벨을 클리어할 때 걸린 시간(초)을 사용할 것이다. 다음 다이어그램이 유저 인터렉션을 나타낸다.

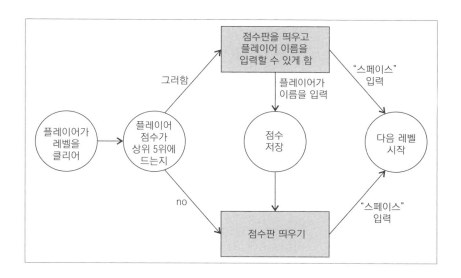

UI를 위해서 7장에서 했던 것처럼 두 개의 화면을 사용한다. 간단히 div 엘리먼트를 사용하여 필요할 때 보이게 했다가 숨겼다가 할 것이다.

첫 번째 화면은 간단히 레벨 시작을 알려서 유저가 준비할 수 있도록 한다. 두 번째 화면은 좀 더 복잡하다. 현재 플레이어의 결과를 표시하고 상위 5명의 플레이어를 표시한다. 현재 플레이어가 5명 안에 든다면 이름을 입력할 수 있게 한다. 다음 스크린샷을 보자.

게임을 시작할 때 이름을 입력받을 수도 있겠지만 이런 메커니즘을 사용한 것은 이 방법이 옛날 아케이드 게임과 더 유사하기 때문이다.

여기에는 두 개의 서버 작업이 필요하다.

1. 해당 레벨의 상위 5명의 점수 얻기
2. 해당 레벨에 점수 기록하기

이 두 개의 기능을 highscore.php와 save.php에 작성할 것이다.

최고점수 기록

데이터베이스 테이블은 3개의 컬럼을 갖는다.

- Level: 레벨의 정수 인덱스
- Name: 유저 이름 문자열
- Time: 레벨을 클리어하는 데 걸린 시간(초)

최고점수를 기록하는 것은 매우 간단하다. 이름과 점수, 레벨을 서버로 보내주면 된다. 그리고 데이터베이스에 다음과 같은 쿼리로 저장할 수 있다.

```
INSERT INTO scores (level, name, time) VALUES (1, "John", 36)
```

나머지 스크립트는 7장과 거의 유사하므로 여기에 다시 쓰지는 않겠다. 원한다면 완전한 소스 코드에서 찾아보면 된다.

최고점수 얻기

최고점수를 얻기 위해서 서버에 현재 레벨을 전송한다. 그럼 서버에서 점수를 돌려준다. 여기에 좀 더 복잡한 메커니즘을 추가할 것이다. 상위 5명의 플레이어에 현재 플레이어가 포함되어 있다면 어디에 위치하는지를 같이 보낸다. 이는 나중에 해킹을 방지할 때에도 쓰이게 된다.

서버는 점수판에 표시할 유저 이름과 시간을 JSON 파일로 돌려준다. 다음과 같은 형태의 JSON을 사용할 것이다.

```
{
    "top" :[
        {"name": "Joe", "time": 14},
        {"name": "John", "time": 15},
        {"time": 17},
        {"name": "Anna", "time": 19}
    ],
    "intop": true,
    "pos": 2
}
```

intop 플래그가 현재 플레이어가 상위 5위에 드는지를 알려준다. 이 플래그가 참이라면 pos 변수도 나타난다. 이 값은 플레이어 시간이 저장되어 있는 top 배열에서의 인덱스다. top의 다른 항목들은 1등에서 5등까지의 다른 플레이어의 점수다. intop가 거짓이라면 배열에는 다른 플레이어의 점수만이 포함되어 있을 것이다.

이러한 응답을 주기 위해서 먼저 다음과 같은 SQL 쿼리를 이용한다.

```
SELECT * FROM scores WHERE level=1 ORDER BY time ASC LIMIT 5
```

쿼리의 앞 부분은 이미 봐왔던 것과 다를 바 없지만 끝부분(코드에서 강조된 부분)은 조금 다르다. 의도대로 시간을 오름차순으로 정렬하고(ORDER BY tiem ASC) 오직 5개의 결과만을 얻는다(LIMIT 5).

그리고 JSON으로 만들기 위해 파싱할 부분은 그렇게 많지 않다. 추가적인 작업은 플레이어의 점수가 그 안에 들어갈 만큼 좋다면 삽입하는 것이다. 다음은 이를 위한 완전한 코드다.

```php
<?php
    session_start();
    include 'dbconnect.php';
    $time = $_GET['time'];
    $level = $_GET['level'];
    if(isset($time) && isset($level)){
        // JSON 객체
```

```php
$json = array('top'=>array(), 'intop'=>false);
$query = 'SELECT * FROM scores WHERE level='.$level.' ORDER BY
    time ASC LIMIT 5';
$result = mysqli_query($link, $query);
$i=0;
while ($obj = mysqli_fetch_object($result)) {
    if(!$json['intop'] && $time < $obj->time){
        $json['intop'] = true;
        $json['pos'] = $i;
        array_push($json['top'], array('time'=>$time));
        $i++;
    }
    if($i < 5){
        array_push($json['top'], array('time'=>$obj->time,
            'name'=>$obj->name));
        $i++;
    }
}
if($i < 5 && !$json['intop']){
    $json['intop'] = true;
    $json['pos'] = $i;
    array_push($json['top'], array('time'=>$time));
}
mysqli_free_result($result);
echo json_encode($json);
}
mysqli_close($link);
?>
```

위 코드에서 강조된 부분이 현재 플레이어가 점수판에 들어 있을 때의 처리다.

최고점수 표시

클라이언트에서 점수를 표시하고 플레이어의 이름을 입력받을 수 있는 화면을 만든다. 다음 코드를 보자.

```javascript
var finishedTime = Math.round((Date.now() - levelStart) / 1000);
$.ajax({
    dataType: "json",
    url: "highscore.php",
    data: {
        level: currentLevel,
        time: finishedTime
    },
    async: false,
    success: function (json) {
        var top = "";
        for (var i = 0; i < json.top.length; i++){
            if(json.intop && json.pos === i){
                top += "<input id='name' placeholder='_____' size='5' />"
                    + "<input id='timeScore' type='hidden' value='"+json.
                    top[i].time+"'></input>"
                    + "<input id='level' type='hidden'
                    value='"+currentLevel+"'></input>"
                    + " "+minSec(json.top[i].time)
                    + " <a id='saveScore' href='#'>submit</a> <br>";
            } else {
                top += "" + json.top[i].name + " " + minSec(json.top[i].
                    time) + "<br>";
            }
        }
        $("#top_list").html(top);
    }
}).fail(function(a,b,c){
    var toto = "toto";
});
```

목록을 만드는 부분이 강조되어 있다. 여기에는 플레이어 이름을 입력받는 필드와
현재 레벨과 플레이어의 점수를 담고 있는 두 개의 숨겨진hidden 필드가 존재한다.
이 값은 링크를 따라 전송되게 된다. 링크를 다루는 코드는 다음과 같다.

```javascript
$("#levelEnd").on("click","#saveScore",function(){
    $.get("save.php",{
        name: $("#name").val(),
        time: $("#timeScore").val(),
        level: $("#level").val()
```

```
    }, function(){
        $("#saveScore").fadeOut(500);
    });
    return false;
});
```

간단하게 입력 필드를 얻어서 서버로 전송할 수 있다. 작업이 끝나면 전송 버튼을 없앤다.

해킹하기 어렵도록 만들기

일반적으로 해킹을 막을 수 있는 마법 같은 방법은 없다. 특히 자바스크립트로 만들어진 게임은 소스 코드를 쉽게 볼 수 있다. 물론 소스 코드를 일부러 보기 어렵게 섞어버릴 수 있지만, 정말 게임이 어떻게 돌아가는지 알고 싶어서 보는 사람도 읽을 수 없게 되어버린다. 하지만, 해킹하기 좀 더 어렵고 효율적이지 않게 하는 몇 가지 기술이 있다.

서버에서 검증

해킹을 방지할 수 있는 가장 안전한 방법은 작업을 서버에서 처리하는 것이다. 바로 7장에서 만들었던 MMORPG의 전투 메커니즘을 서버에서 처리한 것과 같은 맥락이다. 같은 패러다임으로 서버에 유저가 입력한 키를 보내고 서버에서 플레이어의 위치를 결정해서 보내주는 방법이 있다.

대부분의 경우 이 방법은 실제로 사용하기가 힘들다. 서버에서 위 로직을 처리한다고 하더라도 실제로 점수를 전송하는 것은 플레이어이기 때문이다. 이를 해결하기 위해 레벨에서 보이지 않는 일련의 체크포인트를 만들고 서버로 그 때의 정보를 보내는 방법이 있다. 모든 체크포인트를 거치지 않고 점수를 전송했다면 무언가 해킹이 이루어지고 있다고 볼 수 있을 것이다. 또 플레이어가 얼마나 죽었는지 점프를 했는지를 기억해서 기록과 비교해볼 수도 있다.

중요한 것은 만들고 있는 게임에 알맞은 검증 방법을 사용하는 것이다. 일반론적인 방법은 없다. 가장 중요한 것은 해킹 플레이어에게 단호한 태도를 보이는 것이다. 해킹 플레이어는 다른 플레이어에게 많은 좌절감과 불만을 야기시킨다. 따라서 해킹을 막기 위해서 충분히 생각하고 방법을 개선해나가야 한다.

이 게임에서는 간단한 방법을 구현해볼 것이다. 플레이어가 이동하는 속도를 알고 있고, 레벨의 시작에서 끝까지의 거리도 알고 있다. 따라서 최소로 걸리는 시간을 계산해볼 수 있다. 플레이어의 점수가 이 시간보다 더 작을 수 없다.

이를 위해 highscore.php에 다음 코드를 추가한다.

```
// 플레이어는 30ms에 7px 정도 이동함 -> 233.1
$minTime = array(
    1 => 15, // 3500 / 233.1
    2 => 15, // 3500 / 233.1
    3 => 42, // 9800 / 233.1
    4 => 23  // 5460 / 233.1
);
$timeValid = !($minTime[intval($level)] < intval($time));
//...
while ($obj = mysqli_fetch_object($result)) {
    if(!$json['intop'] && $time < $obj->time && $timeValid){
    // ...
}
```

플레이어의 점수가 impossible로 감지되었다면 화면에 이 점수를 표시를 해주기는 하겠지만 플레이어의 이름은 입력받지 않도록 한다.

변수를 읽기 어렵게 만들기

하나 더 해야 할 것은 간단히 숨겨진 필드의 값을 쉽게 수정할 수 없도록 하는 것이다. 점수를 보낼 때 숨겨진 필드에 값을 저장해서 보내기 때문이다. 이렇게 하면 서버로 보내는 작업은 간단해지지만 해킹도 굉장히 쉽게 할 수 있다. 다음 스크린샷은 크롬에서 페이지 인스펙터를 통해 필드를 보는 것이다.

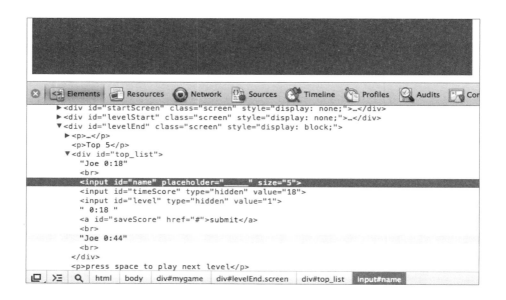

경험적으로 중요한 정보는 DOM에 저장하는 것을 꼭 피해야 한다. DOM은 프로그래밍에 대한 지식이 없더라도 쉽게 접근할 수 있다. 따라서 우리는 이 값을 save.php로 보내던 것을 지우고 세션에 값을 저장하기로 한다. highscore.php에 다음과 같은 간단한 코드를 추가한다.

```
if(!$json['intop'] && $time < $obj->time && $timeValid){
    $json['intop'] = true;
    $json['pos'] = $i;
    array_push($json['top'], array('time'=>$time));
    $_SESSION['level'] = $level;
    $_SESSION['time'] = $time;
    $i++;
}
```

save.php 파일은 단순히 다음과 같은 코드로 레벨과 시간을 구할 수 있다.

```
$name = $_GET['name'];
$time = $_SESSION['time'];
$level = $_SESSION['level'];
```

이런 간단한 변화로도 해킹을 더욱 어렵게 만들 수 있다.

코드를 알아보기 어렵게 만들기

코드를 알아보기 어렵게 섞어버리는 것은 매우 간단하지만, 꽤 도움이 된다. 한 번 이 작업을 하면 인스펙터로 코드를 읽는 것은 굉장히 어려워진다. 다음 점수판 코드를 예제로 살펴보자.

```javascript
if (status == "finished") {
    gameState = "menu";
    $("#level_nb_2").html(currentLevel);
    $("#level_nb_1").html(currentLevel + 1);
    var finishedTime = Math.round((Date.now() - levelStart) / 1000);
    $.ajax({
        dataType: "json",
        url: "highscore.php",
        data: {
            level: currentLevel,
            time: finishedTime
        },
        async: false,
        success: function (json) {
            var top = "";
            for (var i = 0; i < json.top.length; i++){
                if(json.intop && json.pos === i){
                    top += "<input id='name' placeholder='_____' size='5' />"
                        + "<input id='timeScore' type='hidden' value='"+json.
                        top[i].time+"'></input>"
                        + "<input id='level' type='hidden'
                        value='"+currentLevel+"'></input>"
                        + " "+minSec(json.top[i].time)
                        + " <a id='saveScore' href='#'>submit</a> <br>";
                } else {
                    top += "" + json.top[i].name + " " + minSec(json.top[i].
                        time) + "<br>";
                }
            }
            $("#top_list").html(top);
        }
    }).fail(function(a,b,c){
        var toto = "toto";
    });
```

```
    $("#time").html(minSec(finishedTime));
    $("#levelEnd").fadeIn(2000, function(){
        $("#backgroundFront").css("background-position","0px 0px");
        $("#backgroundBack").css("background-position","0px 0px");
        gf.x(group, 0);
        tilemap = loadNextLevel(group);
        gf.x(player.div, 0);
        gf.y(player.div, 0);
        gf.setAnimation(player.div, playerAnim.jump);
    });
    status = "stand";
}
```

같은 코드를 알아보기 어렵게 만들면(UglifyJS를 사용) 다음처럼 된다.

```
if("finished"==status){gameState="menu",$("#level_nb_2").
html(currentLevel),$("#level_nb_1").html(currentLevel+1);var
finishedTime=Math.round((Date.now()-levelStart)/1e3);$.ajax({dataType
:"json",url:"highscore.php",data:{level:currentLevel,time:finishedTim
e},async:!1,success:function(a){for(var b="",c=0;a.top.length>c;c++)
b+=a.intop&&a.pos===c?"<input id='name' placeholder='_____' size='5'
/><input id='timeScore' type='hidden' value='"+a.top[c].time+"'></
input>"+"<input id='level' type='hidden' value='"+currentLevel+"'></
input>"+" "+minSec(a.top[c].time)+" <a id='saveScore'
href='#'>submit</a> <br>":""+a.top[c].name+" "+minSec(a.top[c].
time)+"<br>";$("#top_list").html(b)}}).fail(function(){}),$("#time").
html(minSec(finishedTime)),$("#levelEnd").fadeIn(2e3,function()
{$("#backgroundFront").css("background-position","0px
0px"),$("#backgroundBack").css("background-position","0px 0px"),gf.x(
group,0),tilemap=loadNextLevel(group),gf.x(player.div,0),gf.y(player.
div,0),gf.setAnimation(player.div,playerAnim.jump)}),status="stand"}
```

디버그하기에도 굉장히 어려워졌다. 그리고 크기가 작아졌다!

네트워크 프로토콜을 읽기 어렵게 만들기

클라이언트 코드가 픽스되었더라도 네트워크 트래픽에서 변수를 읽어서 해킹할
수 있다. 패킷을 가로채는 애플리케이션으로 플레이어가 레벨을 완료했을 때를 살
펴보도록 하자.

```
      6 0.000548000    localhost              localhost              TCP    76 ddi-tcp-1 > 50241 [A
      7 0.006098000    localhost              localhost              HTTP   472 HTTP/1.1 200 OK  (te
      8 0.006140000    localhost              localhost              TCP    76 50241 > ddi-tcp-1 [A

▷ Frame 5: 631 bytes on wire (5048 bits), 631 bytes captured (5048 bits) on interface 0
▷ Null/Loopback
▷ Internet Protocol Version 6, Src: localhost (::1), Dst: localhost (::1)
▷ Transmission Control Protocol, Src Port: 50241 (50241), Dst Port: ddi-tcp-1 (8888), Seq: 1, Ack: 1, Len: 555
▽ Hypertext Transfer Protocol
  ▷ GET /book/code/chapter%20B/save.php?name=Test&time=18&level=1 HTTP/1.1\r\n
    Host: localhost:8888\r\n
    Connection: keep-alive\r\n
    Accept: */*\r\n
    X-Requested-With: XMLHttpRequest\r\n
    User-Agent: Mozilla/5.0 (Macintosh; Intel Mac OS X 10_8_2) AppleWebKit/537.17 (KHTML, like Gecko) Chrome/24.0.

00c0  0d 0a 41 63 63 65 70 74   3a 20 2a 2f 2a 0d 0a       ..Accept : */*..
00d0  2d 52 65 71 75 65 73 74   65 64 2d 57 69 74 68 3a    -Request ed-With:
00e0  20 58 4d 4c 48 74 74 70   52 65 71 75 65 73 74 0d    XMLHttp Request
00f0  0a 55 73 65 72 2d 41 67   65 6e 74 3a 20 4d 6f 7a    .User-Ag ent: Moz
0100  69 6c 6c 61 2f 35 2e 30   20 28 4d 61 63 69 6e 74    illa/5.0  (Macint
0110  6f 73 68 3b 20 49 6e 74   65 6c 20 4d 61 63 20 4f    osh; Int el Mac O
0120  53 20 58 20 31 30 5f 38   5f 32 29 20 41 70 70 6c    S X 10_8 _2) Appl
0130  65 57 65 62 4b 69 74 2f   35 33 37 2e 31 37 20 28    eWebKit/ 537.17 (
0140  4b 48 54 4d 4c 2c 20 6c   69 6b 65 20 47 65 63 6b    KHTML, l ike Geck
0150  6f 29 20 43 68 72 6f 6d   65 2f 32 34 2e 30 2e 31    o) Chrom e/24.0.1
```

클라이언트 코드를 보지 않고 패킷만 보고도 적당히 정보를 고쳐서 해킹할 수 있다. 패킷을 이해하기 어렵게 해서 해킹을 방지하는 데에는 3가지 방법이 있다.

1. 변수 이름을 랜덤으로 정하여 어떤 값을 담고 있는지 알기 어렵게 한다.
2. 변수의 내용을 인코딩한다. 여기서는 플레이어가 자신의 점수를 알 수 있으므로 특히 유용하다. 수정하고자 하는 값을 담고 있는 변수를 찾을 수밖에 없다.
3. 어떤 것이 진짜로 사용되는 것인지 알기 힘들게 많은 랜덤 변수를 추가한다.

이미 이전 절에서 여러 가지 방법을 통해서 플레이어가 해킹하기 어렵게 만들었다. 여기서는 이 방법을 하나씩 해보도록 할 것이다.

값 인코딩

먼저 값을 인코딩해보자. 인코딩에는 여러 방법이 있고 어떤 방법은 다른 방법보다 좀 더 안전할 수 있다. 여기서 우리가 의도하는 것은 플레이어가 자신의 점수가 어느 변수에 저장되었는지 쉽게 확인할 수 없게 하는 것이다. 따라서 그렇게 복잡한 인코딩이 필요하지는 않다. 간단히 왼쪽 시프트 연산(클라이언트에서 《〈》과 오른쪽 시프트 연산(서버에서 〉〉)을 이용할 것이다.

다음은 클라이언트 코드다.

```
$.ajax({
    dataType: "json",
    url: "highscore.php",
    data: {
        level: currentLevel,
        time: finishedTime << 1
    },
    async: false,
    success: function (json) {
        // ...
    }
});
```

대응하는 서버 코드는 다음과 같다.

```
$time = intval($_GET['time']) >> 1;
```

더 헷갈리게 하기 위해서 다른 많은 변수들을 같이 서버로 전송하여 값을 쉽게 읽을 수 없게 하자.

변수 이름을 랜덤으로 짓기

별로 설명할 것은 없다. 그저 변수의 이름을 바꾸면 된다! 정말 집요하게 하자면 매번 서버로 보낼 때마다 다른 변수 이름을 사용할 수도 있다. 하지만, 여기서는 그렇게까지는 하지 않겠다. 다음 클라이언트 코드를 보자.

```
$.ajax({
    dataType: "json",
    url: "highscore.php",
    data: {
        Nmyzsf: currentLevel,
        WfBCLQ: finishedTime << 1
    },
    async: false,
    success: function (json) {
        // ...
    }
});
```

서버 코드는 다음과 같다.

```
$time = intval($_GET['WfBCLQ']) >> 1;
$level = $_GET['Nmyzsf'];
```

랜덤 변수 추가

이제 변수 이름은 더 이상 그 값이 무엇인지 설명하지 않는다. 여기서 중요한 것이
더 많은 변수를 만들지 않는다면 점수를 변화시켜보면서 어떤 변수에 값이 들어가
는지 쉽게 찾을 수 있다는 점이다. 따라서 클라이언트 코드를 다음처럼 작성한다.

```
$.ajax({
    dataType: "json",
    url: "highscore.php",
    data: {
        sXZZUj: Math.round(200*Math.random()),
        enHf8F: Math.round(200*Math.random()),
        eZnqBG: currentLevel,
        avFanB: Math.round(200*Math.random()),
        zkpCfb: currentLevel,
        PCXFTR: Math.round(200*Math.random()),
        Nmyzsf: currentLevel,
        FYGswh: Math.round(200*Math.random()),
        C3kaTz: finishedTime << 1,
        gU7buf: finishedTime,
        ykN65g: Math.round(200*Math.random()),
        Q5jUZm: Math.round(200*Math.random()),
        bb5d7V: Math.round(200*Math.random()),
        WTsrdm: finishedTime << 1,
        bCW5Dg: currentLevel,
        AFM8MN: Math.round(200*Math.random()),
        FUHt6K: Math.round(200*Math.random()),
        WfBCLQ: finishedTime << 1,
        d8mzVn: Math.round(200*Math.random()),
        bHxNpb: Math.round(200*Math.random()),
        MWcmCz: finishedTime,
        ZAat42: Math.round(200*Math.random())
    },
    async: false,
```

```
    success: function (json) {
        // ...
    }
});
```

서버는 바꿀 게 아무것도 없다. 새로 추가된 변수들은 무시될 것이다. 여기에 실제로 사용되지는 않지만 점수를 중복해서 기록한 변수가 있다.

여기서 어떤 변수가 실제로 사용되는 값인지 잊지 않도록 주석을 달아둬야 할 것이다.

트위터와 연동

트위터는 간단한 정보를 다른 사람과 공유할 수 있는 놀라운 방법이다. 트위터를 두 가지 방법으로 이용할 수 있다.

- 유일한 유저 이름을 가지고 로그인을 할 수 있게 한다.
- 게임 점수나 진행 상황을 트윗할 수 있다.

트위터를 연동해서 할 수 있는 두 가지 가능성을 살펴볼 것이다.

트위터 간단히 사용

이미 트위터에 로그인한 유저에 한해 트위터 API를 사용하지 않고도 트위터 기능을 이용할 수 있다. 미리 작성된 내용을 트윗하는 것은 간단히 URL을 여는 것으로 가능하다. 이 URL은 다음과 같은 형태를 따른다.

http://twitter.com/home?status=Pre written status here!

주소에서 강조한 부분이 플레이어가 트윗할 내용이 된다. 이 기능을 점수판 화면에서 전송 버튼 옆에 tweet this라는 버튼으로 만들 것이다.

```javascript
$.ajax({
    dataType: "json",
    url: "highscore.php",
    data: {
        // ...
    },
    async: false,
    success: function (json) {
        var top = "";
        for (var i = 0; i < json.top.length; i++){
            if(json.intop && json.pos === i){
                top += "<input id='name' placeholder='_____' size='5' />"
                    + " "+minSec(json.top[i].time)
                    + " <a id='saveScore' href='#'>submit</a>"
                    + " <a id='tweetScore' target='_blank' href='http://twitter.
                      com/home?status="+escape("I've just finished level
                      "+currentLevel+" in
                      YAP in "+minSec(json.top[i].time)+"!")+"'>tweet</a> <br>";
            } else {
                top += "" + json.top[i].name + " " + minSec(json.top[i].time)
                    + "<br>";
            }
        }
        $("#top_list").html(top);
    }
});
```

코드에서 강조한 부분이 마법 같은 일이 일어나도록 하는 부분이다. URL 형식에 맞게 문자열을 넣기 위해서 자바스크립트의 escape 함수를 사용했다.

이 방법은 매우 간단하지만, 몇 가지 제약을 갖는다.

- 유저가 로그인 한 상태가 아니라면 트윗하기 전에 로그인을 먼저 해야 한다.
- 트위터에서 유저의 개인적인 기록을 읽어올 수 없다.
- 트윗을 할 때마다 새 창이 열려서 정말 올릴 것이냐고 플레이어에게 묻는다.

유저가 로그인해서 매번 묻지 않고도 자동으로 트윗되게 하려면 트위터 API를 사용해야 한다.

트위터 API에 완전히 접근

완전한 연동을 위해서 트위터가 유저에게 게임에 권한을 줄 것이냐고 묻게 된다. 기본적으로 OAuth를 사용한다. 이는 공개된 표준 인증 기술로 트위터나 구글, 페이스북이 사용한다.

트위터로 로그인하거나 그냥 시작할 수 있게 시작 화면을 살짝 바꾼다.

Start game을 클릭하면 게임을 시작한다. Log in with Twitter를 클릭하면 트위터에서 게임 연결을 인증할 것이냐고 묻고 다시 게임 시작 화면으로 돌아오게 된다.

트위터에 게임 등록

다른 모든 것을 하기 이전에 먼저 트위터에 게임을 등록해야 한다. 이를 위해서 먼저 트위터 개발자 사이트(https://dev.twitter.com)에 로그인해야 한다. 그리고 My Application을 클릭한다.

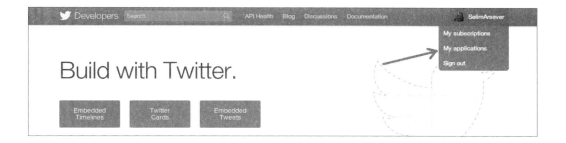

여기서 Create a new application을 누른다. 필요한 필드를 채우고 Rules of the Road 약관에 동의한다. 모두 되었다면 새로운 애플리케이션이 만들어지게 된다.

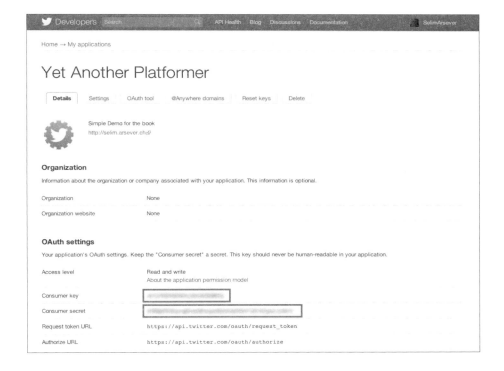

스크린샷에서 동그라미가 쳐진 두 부분을 잘 보자. 이 값은 나중에 사용하게 된다. 마지막으로 설정할게 있다. Settings 탭으로 가서 스크롤을 내리면 Application Type 이 있다. 기본값으로 Read only가 선택되어 있다. 유저가 트윗을 할 수 있게 Read and Write로 바꾸도록 하자.

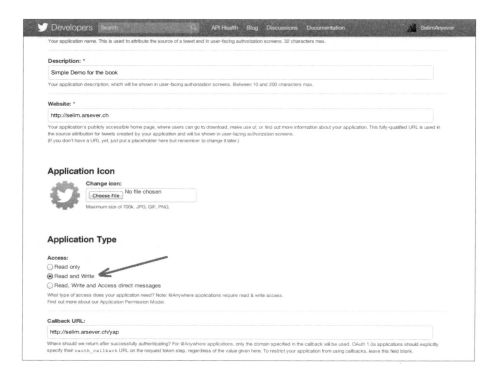

트위터에서 할 설정은 완료되었다.

서버에서 사용할 헬퍼 라이브러리

PHP를 직접 이용해서 트위터 API와의 인터렉션을 모두 구현할 수 있다. 하지만, 매우 지루한 작업이 될 것이다. 다행히 이를 위한 라이브러리가 존재한다. PHP를 위한 라이브러리로 twitteroauth(http://github.com/abraham/twitteroauth)가 존재한다. 다른 언어를 위해서도 각각 라이브러리가 존재한다. 더 자세한 것은 트위터 개발자 문서를 참고하자.

twitteroauth는 대부분의 PHP를 지원한다. 그저 라이브러리 파일을 같은 디렉토리로 복사하기만 하면 된다. 우리는 twitter라는 하위 디렉토리에 복사할 것이다.

먼저 라이브러리를 설정해야 한다. twitteroauth 폴더의 config.php를 열자.

```
define('CONSUMER_KEY', '(1)');
define('CONSUMER_SECRET', '(2)');
define('OAUTH_CALLBACK', '(3)');
```

(1)과 (2)에 방금 트위터 개발자 사이트의 애플리케이션 페이지에서 봤던 값 두 개를 넣는다. (3)에는 twitteroauth의 callback.php 파일을 넣어야 한다.

마지막으로 callback.php를 열고 다음 줄을 게임의 인덱스 파일로 바꾼다.

```
header('Location: ./index.php');
```

인증

다음은 게임을 트위터를 통해서 인증하는 워크플로우다.

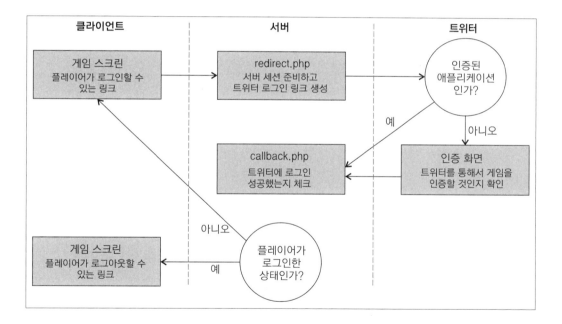

twiteroauth에 이미 이 워크플로우가 구현되어 있으므로 보는 것만큼 복잡하지는 않다. 이제 트위터 버튼이 있는 로그인 페이지를 만들자. 간단히 twitteroauth의 redirect.php를 사용한다. 플레이어가 처음 클릭하면 트위터의 게임 인증을 묻는 사이트로 이동하게 된다.

You can use your Twitter account to sign in to other sites and services.
By signing in here, you can use Yet Another Platformer without sharing your Twitter password.

Authorize Yet Another Platformer to use your account?

Yet Another Platformer
selim.arsever.ch

Simple Demo for the book

This application will be able to:

- Read Tweets from your timeline.
- See who you follow, and follow new people.
- Update your profile.
- Post Tweets for you.

Sign In **Cancel**

This application will not be able to:

- Access your direct messages.
- See your Twitter password.

You can revoke access to any application at any time from the Applications tab of your Settings page.
By authorizing an application you continue to operate under Twitter's Terms of Service. In particular, some usage information will be shared back with Twitter. For more, see our Privacy Policy.

그리고 다시 지정했던 callback.php 파일로 되돌아오게 된다. 플레이어가 이전에 이미 인증을 했었다면 바로 로그인하게 된다.

자바스크립트 코드로 플레이어가 이미 연결되어있는지를 알아낼 수 있도록 하자. 이를 위해서 게임의 HTML 파일을 PHP 파일로 바꾸고 다음 코드를 파일 윗부분에 추가한다.

```php
<?php
    session_start();
    require_once('twitter/twitteroauth/twitteroauth.php');
    require_once('twitter/config.php');
    /* 세션에서 유저 액세스 토큰을 얻는다. */
    $access_token = $_SESSION['access_token'];
    $connection = new TwitterOAuth(CONSUMER_KEY, CONSUMER_SECRET, $access_token['oauth_token'], $access_token['oauth_token_secret']);
    $user = $connection->get('account/verify_credentials');
?>
```

twitteroauth 라이브러리를 포함해서 세션에 액세스 토큰을 저장할 수 있다. 트위터에 로그인했다면 이 값을 얻을 수 있다.

연결되었다면 트위터에서 유저 오브젝트를 얻는다. 이 작업은 쉽게 되지만 아직 자바스크립트 코드에서 이를 알 방법은 없다. 자바스크립트에서 알 수 있도록 클라이언트 코드에 다음 값을 넣는다.

```
<script type="text/javascript">
<?php if($_SESSION['status'] == 'verified'){ ?>
var twitter = true;
var twitterName = "<?php print $user->screen_name; ?>";
<?php } else { ?>
var twitter = false;
<?php } ?>
</script>
```

이제 플레이어는 트위터에 로그인했다. 전역 변수 twitter를 true로 세팅하고 twitterName에 플레이어 화면에 나타나는 이름을 저장한다.

마지막으로 트위터에 성공적으로 로그인했다는 것을 알리고 로그아웃을 할 수 있게 만들자. 이를 위해 이미 로그인했다면 시작화면을 살짝 바꾸자.

```
<div id="startScreen" class="screen">
<?php if($_SESSION['status'] != 'verified'){ ?>
<a class="button tweetLink" href="./twitter/redirect.php">Login
    with Twitter</a>
<?php } else { ?>
<a class="button tweetLink" href="./twitter/clearsessions.
    php">Logout from Twitter</a>
<?php }?>
<a id="startButton"class="button" href="#">Start game</a>
</div>
```

이렇게 조금 수정한 것으로 트위터 인증 구현이 완료되었다.

트위터에 최고점수 올리기

트위터에 연결되었다면 유저에게 묻지 않고도 점수를 트윗할 수 있다. 이를 위해 새로운 서버 스크립트 twitterPost.php를 만든다. 이 파일은 트위터의 statuses/

update API를 사용한다. 다음 코드를 보자.

```php
<?php
    session_start();
    require_once('twitter/twitteroauth/twitteroauth.php');
    require_once('twitter/config.php');
    $time = $_SESSION['time'];
    $level = $_SESSION['level'];
    if(isset($time) && isset($level)){
        /* Get user access tokens out of the session. */
        $access_token = $_SESSION['access_token'];
        $connection = new TwitterOAuth(CONSUMER_KEY, CONSUMER_SECRET,
        $access_token['oauth_token'], $access_token['oauth_token_secret']);
        $parameters = array('status' => 'I\'ve just finished level
            '.$level.' for Yet Another Platformer in '.$time.' seconds!');
        $status = $connection->post('statuses/update', $parameters);
    }
?>
```

대부분의 코드가 이전에 파일 윗부분에 추가했던 내용과 같다(강조된 부분이 이번에 추가된 부분). 마지막 두 줄은 트위터에 올리고 싶은 상태를 전송하는 코드다. 코드는 매우 직관적이다. 그리고 여기서 하나 더 할 수 있는데, 플레이어가 로그인하면 유저의 이름을 알 수 있고 이것을 점수판에 사용할 수 있다.

클라이언트에는 약간 다른 점수판을 생성한다.

```javascript
$.ajax({
    dataType: "json",
    url: "highscore.php",
    data: {
        // ...
    },
    async: false,
    success: function (json) {
        var top = "";
        for (var i = 0; i < json.top.length; i++){
            if(json.intop && json.pos === i){
                if (twitter){
                    top += "<input id='name' type='hidden'
                        val='"+twitterName+"'/>"
```

```
                        + twitterName + " " + minSec(json.top[i].time)
                        + " <a id='saveScore' href='#'>submit</a>"
                        + " <a id='tweetScore' href='#'>tweet</a> <br>";
            } else {
                top += "<input id='name' placeholder='_____' size='5' />"
                    + " "+minSec(json.top[i].time)
                    + " <a id='saveScore' href='#'>submit</a>"
                    + " <a target='_blank' href='http://twitter.com/
                        home?status="+escape("I've just finished level
                        "+currentLevel+" in YAP
                        in "+minSec(json.top[i].time)+"!")+"'>tweet</a> <br>";
            }
        } else {
            top += "" + json.top[i].name + " " + minSec(json.top[i].time)
                + "<br>";
        }
    }
    $("#top_list").html(top);
    }
});
```

여기서도 숨겨진 필드에 화면에 표시되는 이름을 저장한다. 그럼 점수판에 화면에 나오는 이름으로 기록될 것이다. 서버 코드는 한 줄도 안 바꾸고도 작동한다.

트위터 연동은 여기까지이다. 나머지 트위터 API도 모두 살펴보고 창의성을 발휘해보도록 하자!

페이스북 연동

많은 점에서 페이스북 연동은 트위터 연동과 비슷하다. 하지만, 페이스북은 게임에 더욱 적합하다. 여기서 로그인 한 유저에게 업적을 달성하는 것을 구현할 것이다. 페이스북 PHP SDK를 이용할 것이며 다른 언어도 물론 지원한다.

트위터처럼 먼저 페이스북에 애플리케이션을 등록해야 한다. 이를 위해서 페이스북 개발자 사이트(https://developers.facebook.com/)에 접속해서 위에 있는 **Apps**를 클릭한다.

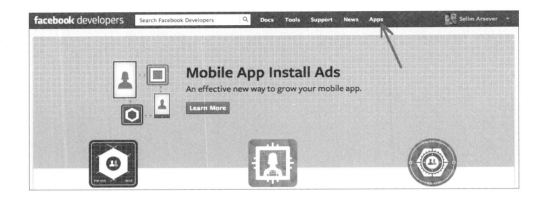

이제 Create New Apps를 클릭하고 필요한 정보를 채워 넣는다. 확인하면 새로 만
들어진 애플리케이션 페이지를 볼 수 있을 것이다. 다음 스크린샷에서 표시된 두
개의 값을 적어둔다(트위터에서 했던 것과 같음).

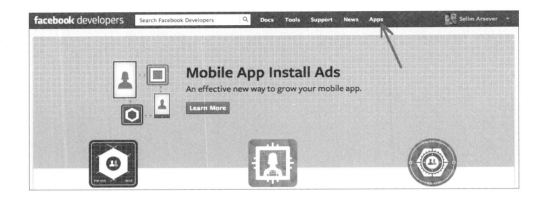

이 스크린샷에서 화살표로 가리킨 것이 페이스북과 앱이 어떻게 인터렉션할지를 나타낸다. 페이스북 오픈 그래프 API에 완전히 접근하고 업적을 올리기 위해서 App on Facebook을 선택해야 한다.

이는 페이스북 사이트 안에서 iframe에 게임을 불러올 수 있게 한다. 이를 위해서 도메인에 올바른 HTTPS 인증서를 설치해야 한다. 하지만, 서버에서 직접 실행되게만 할 것이라면 필요 없다(그래도 해당 필드에 주소를 적기는 해야 한다. 그리고 보안되지 않은 non-secure 주소를 올바르게 하기 위해 https를 앞에 붙일 수 있다.).

마지막으로 페이스북 애플리케이션을 게임으로 등록하여 업적을 줄 수 있도록 한다. 왼쪽의 App Details을 누른다. 그리고 다음 스크린샷처럼 Category > App Info의 Games를 고른다.

페이스북으로 인증

페이스북의 기본적인 인증 메커니즘은 트위터와 매우 흡사하다. 트위터는 읽기와 쓰기 접근만을 정의할 수 있지만 페이스북은 좀 더 세세하게 접근 권한을 나눠두었다. 이 권한은 로그인할 때 어떤 것을 허락할지 결정하게 된다.

인증에 필요한 코드를 보자. 트위터에서처럼 파일의 시작 부분에서 작업이 진행된다.

```php
<?php
    session_start();
    // Twitter ...
    // Facebook
    require 'facebook/facebook.php';
    $app_id = '(1)';
    $app_secret = '(2)';
    $app_namespace = 'yap_bookdemo';
    $app_url = 'http://yetanotherplatformer.com/';
    $scope = 'publish_actions';
    $facebook = new Facebook(array(
        'appId' => $app_id,
        'secret' => $app_secret,
    ));
    // 현재 사용자 정보를 가져온다.
    $facebookUser = $facebook->getUser();
?>
```

코드에서 강조된 부분이 플레이어의 타임라인에 글을 올릴 수 있는 권한을 정의한 것이다. (1)과 (2)에는 설정 페이지에서 적어두었던 값을 넣는다.

$facebookUser가 null이 아니라면 유저는 이미 로그인한 상태라는 것이다. 그렇지 않다면 로그인 버튼을 표시한다. 트위터에서 했던 것과 거의 유사하게 다음과 같은 코드를 작성한다.

```html
<div id="startScreen" class="screen">
...
<?php if(!$facebookUser){
    $loginUrl = $facebook->getLoginUrl(array(
        'scope' => $scope,
```

```php
        'redirect_uri' => $app_url
    ));
?>
<a class="button tweetLink" href="<?php print $loginUrl; ?>">Login
with Facebook</a>
<?php } else {
    $logoutUrl = $facebook->getLogoutUrl(array(
    'next' => $app_url
    ));
?>
<a class="button tweetLink" href="<?php print $logoutUrl;
?>">Logout from Facebook</a>
<?php } ?>
<a id="startButton"class="button" href="#">Start game</a>
</div>
```

여기서 페이스북 PHP SDK에서 제공하는 유저의 로그인, 로그아웃 URL을 편리하게 만들 수 있는 메소드를 볼 수 있다.

그리고 자바스크립트에서 유저의 페이스북 로그인 여부를 알 수 있도록 간단한 코드를 추가한다. 보면 알겠지만 트위터와 거의 같다.

```php
<script type="text/javascript">
// ...
<?php if($facebookUser){ ?>
    var facebook = true;
    var facebookId = "<?php print $facebookUser; ?>";
<?php } else { ?>
    var facebook = false;
    <?php } ?>
</script>
```

업적 만들기

이제 게임에 업적을 만들자. 먼저 서버에 두 개의 파일을 만들어야 한다.

● 헤더에 일련의 meta 태그가 있는 HTML 파일

● 플레이어 타임라인에 나타날 업적 이미지

HTML 파일은 단순히 업적에 대한 구성만을 나타내는 것이 아니라 플레이어의 타임라인에 링크된다. 페이스북에서 올바른 업적을 위해서 다음 7개의 meta 태그를 헤더에 정의해야 한다.

- og:type은 game.achievement 값을 담는다. 이는 업적을 다른 OpenGraph 엔티티와 구별할 수 있게 한다.
- og:title은 업적에 대한 아주 짧은 설명이다.
- og:url은 현재 파일에 대한 URL이다.
- og:description은 업적에 대한 좀 더 자세한 설명이다.
- og:image는 앞에서 말했던 이미지이다. 최소 50x50픽셀의 PNG, JPEG, GIF 파일이어야 한다. 최대 종횡비는 3:1이다.
- game:points는 이 업적에 해당되는 점수다. 게임 하나에 전부 합쳐서 1000점을 넘을 수 없다. 최소 점수는 1이다. 높은 점수의 업적은 플레이어 친구의 뉴스 피드에 나타날 확률을 높인다.
- fb:app_id는 애플리케이션 ID다.

HTML 바디에는 업적에 대한 설명 등을 담는다. 다음의 간단한 예는 업적 페이지를 완전히 구현한 것이다.

```html
<html>
  <head>
    <meta property="og:type" content="game.achievement" />
    <meta property="og:title" content="Finished level 1" />
    <meta property="og:url" content="http://8bitentropy.com/yap/ach1.
      html" />
    <meta property="og:description" content="You just finished the
      first level!" />
    <meta property="og:image" content="http://8bitentropy.com/yap/
      ach1.png" />
    <meta property="game:points" content="50" />
    <meta property="fb:app_id" content="(1)" />
  </head>
  <body>
```

```html
        <h1>Well done, you finished level 1!</h1>
    </body>
</html>
```

이 업적의 결과는 다음 스크린샷과 비슷하게 플레이어의 타임라인에 나타나게 된다.

하지만, 문서를 작성한 것만으로 업적 구성이 완전하게 된 것은 아니다. 이 문서를 페이스북에 올려야 한다. 이를 위해 알맞은 URL에 알맞은 매개변수를 넣어 POST 요청을 한다. 이 요청은 애플리케이션 토큰과 연관되어 있다.

애플리케이션 토큰은 페이스북이 정말 해당 애플리케이션과 통신하고 있는지 보장하는 수단이다. 이를 위한 가장 간단한 방법은 업적을 전송하는 PHP 페이지를 작성하는 것이다. 다음 코드는 이를 완전히 구현한 것이다.

```php
<?php
    require 'facebook/facebook.php';
    $app_id = '(1)';
    $app_secret = '(2)';
    $app_namespace = 'yap_bookdemo';
    $app_url = 'http://yetanotherplatformer.com/';
    $scope = 'publish_actions';
    $facebook = new Facebook(array(
        'appId' => $app_id,
        'secret' => $app_secret,
    ));
    $app_access_token = get_app_access_token($app_id, $app_secret);
    $facebook->setAccessToken($app_access_token);
    $response = $facebook->api('/(1)/achievements', 'post', array(
        'achievement' => 'http://yetanotherplatformer.com//ach1.html',
    ));
```

```
    print($response);
    // APP ACCESS TOKEN을 얻기 위한 헬퍼 함수
    function get_app_access_token($app_id, $app_secret) {
        $token_url = 'https://graph.facebook.com/oauth/access_token?'
            . 'client_id=' . $app_id
            . '&client_secret=' . $app_secret
            . '&grant_type=client_credentials';
        $token_response =file_get_contents($token_url);
        $params = null;
        parse_str($token_response, $params);
        return $params['access_token'];
    }
?>
```

코드가 꽤나 장황하지만, 각각의 부분은 예전에 했던 것임을 알 수 있다. 가장 중요한 부분은 강조되어 있다. 먼저 애플리케이션 토큰을 얻고 날릴 요청에 담고 최종적으로 POST 요청을 위해 SDK를 사용한다.

이 POST 요청을 위한 주소는 '애플리케이션 ID'/'achievements'의 형태를 따른다. 매개변수는 간단히 업적 파일의 URL이다.

여기서 에러 메시지가 발생되는 경우(무언가 잘못된 경우) 에러를 명확히 찾기 힘들다. 먼저 페이스북이 제공하는 업적 파일 검증 https://developers.facebook.com/tools/debug/를 이용해보면 될 것이다.

업적 올리기

페이스북에 업적이 등록되면 플레이어에게 수여할 수 있게 된다. 이 명령 또한 애플리케이션 토큰과 함께 POST 요청으로 한다. 호출되면 업적을 수여하는 간한단 PHP 페이지를 만들어보자. 이는 실제 상황과 매우 다른데 플레이어가 직접 호출하여 업적을 받을 일이 없기 때문이다. highscore.php 파일에 업적을 수여하는 코드를 작성하자.

다음 코드는 이 파일의 완전한 내용이다. 업적 등록하는 것과 매우 유사하고 다른 부분은 강조해 두었다.

```php
<?php
    session_start();
    // 페이스북
    require 'facebook/facebook.php';
    $app_id = '(1)';
    $app_secret = '(2)';
    $app_namespace = 'yap_bookdemo';
    $app_url = 'http://yetanotherplatformer.com/';
    $scope = 'publish_actions';
    $facebook = new Facebook(array(
        'appId' => $app_id,
        'secret' => $app_secret,
    ));
    // 현재 유저 얻기
    $facebookUser = $facebook->getUser();
    $app_access_token = get_app_access_token($app_id, $app_secret);
    $facebook->setAccessToken($app_access_token);
    $response = $facebook->api('/'.$facebookUser.'/achievements', 'post',
        array(
        'achievement' => 'http://yetanotherplatformer.com/ach1.html'
        ));
    print($response);
    // APP ACCESS TOKEN을 얻기 위한 헬퍼 함수
    function get_app_access_token($app_id, $app_secret) {
        ...
    }
?>
```

여기서는 '유저 ID'/'achievements' 형태의 URL을 POST 요청에 사용했다. 이제
유저가 첫 번째 레벨을 깼을 때 이 파일을 비동기적으로 호출한다.

```
if (status == "finished") {
    ...
    if(facebook && currentLevel === 1){
        $.get("ac h1.php");
    }
    ...
```

정리

8장에서는 소셜 네트워크를 이용하는 것에 대해 수박 겉핥기식이긴 하지만, 굉장히 많은 내용을 배웠다. 페이스북과 트위터의 API는 끊임없이 커지고 바뀌어간다. 이를 더 잘 사용하기 위해서는 제공되는 완전한 문서를 봐야 할 것이다.

서드 파티 서비스, 특히 무료 사용자는 전적으로 서비스 제공자에게 의존할 수밖에 없다. 언제든지 별로 알리지도 않고 변경이 일어날 수 있다. 또 게임이 더 이상 서비스되지 못하게 할 수도 있다. 항상 이런 경우를 염두에 두고 전략을 수립해둬야 한다.

9장에서는 또 다른 핫 토픽인 모바일 게임 만들기에 대해서 다룬다! 이를 위해 우리의 플래포머 게임을 최신 스마트폰과 태블릿에 알맞게 확장할 것이다.

9 모바일 게임 제작

모바일 디바이스는 게임을 위한 플랫폼이 되어가고 있다. 좋은 뉴스는 대부분의 모바일 디바이스가 훌륭한 웹 브라우저를 탑재하고 있고, 대개 이 브라우저를 통해 부드럽게 모바일 게임을 실행할 수 있다는 것이다.

하지만, 모바일 디바이스는 적은 메모리 등 큰 제약을 가지고 있다. 당장은 간단한 게임도 제대로 동작하지 않는다. 수많은 스프라이트로 이루어진 게임이 모바일 디바이스에서 제대로 돌 것이라고 생각하면 안 된다. 모바일 디바이스는 데스크탑 컴퓨터 십분의 일 정도의 연산능력을 가졌을 뿐이다.

모바일 디바이스는 일반적으로 데스크탑에서 찾을 수 없는 몇 가지 장점이 있다.

- 멀티터치가 지원되어 게임에 새로운 인터렉션을 만들 수 있다.
- 디바이스 오리엔테이션을 API로 접근할 수 있어서 게임이나 UI에 이용할 수 있다.

- 많은 디바이스에서 모바일 게임을 네이티브 앱처럼 바탕화면에 띄울 수 있다. 이를 통해 브라우저 게임이 네이티브 게임과의 차이를 줄일 수 있다.
- 오프라인 캐시를 통해 인터넷이 연결되지 않은 상태에서도 게임을 동작하게 할 수 있다.

9장에서 우리의 MMORPG를 iOS 디바이스에서 동작하게 만들 것이다. 사용할 대부분의 API는 사실상의 표준이고 안드로이드에서도 잘 동작한다. 앞으로 살펴볼 주제를 간단하게 살펴보자.

- 모바일 디바이스의 제한된 성능과 타협하는 방법
- 게임에 멀티터치 조작을 추가
- 바탕화면에 게임을 추가하고 기타 모바일에 특화된 설정
- 디바이스 오리엔테이션 API 다루기
- 웹 스토리지와 애플리케이션 캐시 이용하기

몇 가지 이유로 iOS에 대해서만 고려할 것이다.

- iOS가 아직 세계적으로 보편화된 디바이스의 OS이고, 안드로이드가 곧 따라잡더라도 그럴 것이다(특정 소스에 근거한 것이고, iOS가 마켓에서 30% ~ 50%를 차지함).
- 많은 논란이 있었지만 애플은 iOS에 다른 웹 브라우저를 쓰는 것을 막았다. 그래서 브라우저 다양성을 고려할 필요가 없다.
- 대부분의 API를 애플의 웹킷이 가장 먼저 구현한다.

시작하기 전에 다시 강조하지만, 모바일 분야의 웹 개발은 매우 빠르게 발전되고 있다. 새 API가 계속 추가되고, 새 디바이스가 나옴에 따라 처리 속도는 더 빨라진다. 모바일 기기의 약점이 걱정된다면, 최신의 변화가 적용될 때까지 시간을 좀 기다려야 한다.

모바일 디바이스에서 게임이 잘 돌아가게 하기

브라우저 기반의 모바일 게임을 만들 때 성능 문제가 아마 가장 큰 문제일 것이다. 수많은 모바일 디바이스가 있고, 성능 차이도 꽤 크다.

생태계가 그나마 간단한 iOS만 고려하더라도 성능과 화면 해상도, 브라우저 버전에 따라 지원하는 기능 등 신경 쓸 것이 많다.

제이쿼리 모바일이 지원하는 디바이스 현황(http://jquerymobile.com/gbs/)을 보면 이런 복잡한 상황에 대해 알 수 있다. 게임도 마찬가지로 몇 개의 디바이스와 소프트웨어 버전만을 타깃팅해야 한다. 게임은 타깃팅한 디바이스에서는 완전히 동작해야 한다.

그리고 최대한 많은 디바이스에서 에러 없이 돌도록 하는 데 집중한다. 이때 성능은 크게 고려하지 않는다. 마지막으로 게임이 제대로 동작하는지 테스트도 하지 않을 미지원 디바이스는 깨끗이 선을 그어야 한다.

당신이 원하는 수준에 따라서 해야 할 일의 크기가 달라진다. 문제가 있는데, 각 플랫폼 SDK의 에뮬레이터로는 성능 문제를 테스트할 수 없다. 즉, 실제 디바이스에서 직접 테스트를 해야 한다.

큰 회사라면 문제가 되지 않겠지만, 인디 게임 개발자라면 문제가 된다. 몇 개의 디바이스를 지원할 것인지 제한해야 한다.

모바일 브라우저 구별

데스크탑과 모바일 디바이스 간의 차이점을 대처하는 방법은 많이 있다.

1. 게임을 모바일 디바이스에만 대응한다고 생각하고 만든다. 데스크탑에서 작동하는 데에는 아무런 문제가 없겠지만, 데스크탑을 대상으로 만든 것보다 아름다움이나 복잡성은 떨어질 것이다. 좋은 점은 데스크탑으로 플레이를 하는 유저와 모바일 디바이스로 플레이하는 유저에 차별이 없을 것이다.

2. 데스크탑에 최적화한 버전과 모바일에 최적화한 버전 두 가지로 만든다. 거의 작업이 두 배가 되겠지만 그림이나 음악, 서버 코드 등은 공유할 수 있다. 이 방법이 가장 이상적인 방법이긴 하지만, PvP 같은 콘텐츠가 있을 경우 서로의 플랫폼이 다르면 어느 한 쪽이 유리할 수 있는 문제가 있다.

3. 모바일에 대응하는 게임으로 디자인하고, 데스크탑에서 실행할 경우에 사용할 아주 약간의 기능만 추가로 구현한다. 이 방법은 하나의 코드를 기반으로 약간의 추가 작업만 필요하다. 하지만, 위에서 말한 PvP 등의 문제는 여전하다.

우선순위에 맞추어 접근 방식을 선택해야 한다. 두 번째와 세 번째 방법을 사용하려면 게임을 플레이하는 유저가 어떤 플랫폼에서 게임을 즐기는지 알아내야 할 것이다.

얼마나 정확하게 알아낼지에 따라 꽤 복잡한 작업이 될 수 있다. 여기에는 기본적으로 두 가지 방법이 있는데, 클라이언트에서 감지하거나 혹은 서버에서 감지하는 것이다.

클라이언트에서 브라우저 감지

위에서 설명한 접근법 중에 세 번째 접근 방식을 사용할 경우 클라이언트에서 브라우저를 감지하는 것이 그럴 듯하다. 가장 평범한 방법은 navigator.userAgent(흔히 줄여서 UA) 문자열을 이용하는 것이다. 이 매우 길고 수수께끼 같은 문자열은 많은 정보를 가지고 있다.

하지만, 명심해야 할 점은 브라우저가 이 문자열을 조작할 수 있다는 것이다(이것을 UA 스푸핑이라고 함). 예를 들어 사파리에서 어떤 브라우저를 흉내낼지 고를 수 있다. 좋은 점은 대부분의 모바일 브라우저에서 유저의 해킹 없이 변경할 수 없다는 것이다. 그런데 매우 다른 모바일 브라우저가 같은 UA를 갖는 경우도 있다. 인터넷 익스플로러의 데스크탑과 모바일 버전의 브라우저가 그렇다.

userAgent 문자열은 레거시 등의 이유로 쓸데없이 길지만 여기서 어떤 브라우저인지 감지할 수 있다. 예를 들면 userAgent 문자열이 iPhone이라는 문자열을 포

함하고 있다면 이 브라우저는 아이폰에서 돌아가는 사파리 브라우저다. 감지하는
코드는 다음과 같을 것이다.

```
if(navigator.userAgent.match(/iPhone/i)){
    // iPhone 찾음
    // ...
} else {
    // iPhone 못 찾음
}
```

이제 아이폰은 감지할 수 있다. 하지만, 아이패드는 감지가 안 된다. 그럼 iPad 문
자열을 넣어서 아이패드를 감지할 수 있다. 아이팟 터치도 마찬가지로 iPod 문자
열로 감지할 수 있다. 만약에 애플의 아이디바이스_{iDevice}를 하나로 보고 처리한다
면 코드는 다음처럼 될 것이다.

```
if(navigator.userAgent.match(/iPhone|iPod|iPad/i){
    // iDevice 찾음
    // ...
} else {
    // iDevice 못 찾음
}
```

각 디바이스를 하나씩 따로 처리한다면 이렇게 하면 된다.

```
if(navigator.userAgent.match(/iPhone/i)){
    // iPhone 찾음
} else if(navigator.userAgent.match(/iPad/i)) {
    // iPad 찾음
} else if(navigator.userAgent.match(/iPod/i)) {
    // iPod 터치 찾음
} else {
    // iDevice 못 찾음
}
```

감지할 디바이스가 많다면 이 코드가 매우 길어질 것임을 쉽게 상상할 수 있다.
다행히 정확히 이런 역할을 하는 코드 조각이 이미 존재한다. 오직 모바일 디바
이스만을 감지하려면 http://detectmobilebrowsers.com/에서 제공하는 것을
쓰면 된다. 감지 시에 좀 더 많은 조작을 하고 싶다면 항상 도움을 주는 피터 폴

콕의 http://www.quirksmode.org/js/detect.html에서 얻을 수 있는 코드를 사용한다.

서버에서 브라우저 감지

만약 두 번째 접근법(모바일과 데스크탑 각각에 최적화된 게임 만들기)을 선택했다면, 당신은 플레이어의 브라우저를 서버에서 감지해서 각각 맞는 버전의 게임으로 리다이렉트하기를 원할 것이다. 클라이언트에서 했던 것처럼 여기서도 가장 흔히 쓰이는 방법이 userAgent 문자열을 이용하는 것이다.

서버에 PHP를 사용한다면 브라우저 감지를 즐겁게 배울 수 있다. 정확히는 get_browser 함수를 이용하는데, 브라우저 정보를 가지고 있는 php_browscap.ini 파일과 함께 작동한다(http://tempdownloads.browserscap.com/에서 최신 파일을 찾을 수 있음). php.ini에서 browscap 프로퍼티가 이 파일을 가리키게 하면 된다. 코드는 방금 클라이언트에서 감지하기 위해 작성한 것과 같은 모양이 된다.

```
$browser = get_browser(null);

if($browser->platform == "iOS"){
    echo "iOS";
} else {
    echo "not iOS";
}
```

이 방법은 클라이언트 감지 코드에 있던 userAgent 문자열이 조작 가능하다는 단점을 동일하게 갖는다.

브라우저 확실하게 구분

확실히 브라우저를 감지하려는 것은 그렇게 좋은 생각은 아니다. 가장 나은 방법은 브라우저의 특성을 이용하는 것이다. 예를 들어 디바이스의 오리엔테이션에 관한 조작을 원한다면 해당 API가 런타임에서 작동하는지 확인하는 것이다.

이런 방법은 한층 더 적극적인 방법이긴 하다. 하지만, 우리는 지금 퍼포먼스에 대한 이야기를 하고 있는데, 이것으로는 퍼포먼스에 대한 정보를 얻을 수 없다.

좀 더 적극적인 대안은 게임이 시작하기 전에 매우 빠르게 벤치마크해서 디바이스의 퍼포먼스를 측정하는 것이다. 꽤 많은 작업이 필요하겠지만 충분히 할 만한 작업이다. 이를 통해서 게임의 스케일을 선형적으로 증가시킬 수 있다. 예로 숲을 표현하기 위해 나무를 그릴 때 나무의 수 같은 것을 들 수 있다.

이 방법은 파티클 이펙트에 전형적으로 쓰인다. 아주 쉽게 디바이스 퍼포먼스에 맞추어 파티클의 개수를 조절할 수 있다.

퍼포먼스의 한계: 메모리

이제 모바일 디바이스에서 게임을 구동할 수 있게 되었다. 게임을 디바이스의 한계에 맞추어야 한다. 가장 먼저 떠오르는 것은 프로세서의 속도일텐데, 그것보다는 메모리가 훨씬 큰 제약이 된다.

데스크탑에서라면 대부분의 경우 더 이상 메모리를 신경 쓸 필요가 없다(메모리가 새는 것은 제외). 모바일 디바이스에서 메모리 자원은 큰 제약이고, 몇몇 경우 너무 큰 이미지를 로드하려고 한다. 예를 들어 애플 디바이스에서 최대로 허용되는 이미지의 사이즈는 다음과 같다.

	〈 256 MB 램	〉256 MB 램
GIF, PNG, TIFF 이미지	3메가픽셀	5메가픽셀
JPEG	32메가픽셀	32메가픽셀
캔버스 DOM 엘리먼트	3메가픽셀	5메가픽셀

주목할 점은 이미지의 압축된 크기와 아무 상관이 없다는 것이다. 실제로 이미지를 압축하는 것은 다운로드 및 메모리에 올리는 시간이 줄어들기 때문에 매우 중요한 과정이나, 표시할 수 있는 이미지는 전적으로 해상도에 달려 있다.

이미지 압축이 아무 도움이 안 된다면, 어떻게 해야 할까? 우리의 멀티플레이어 RPG를 살펴보자. 모든 타일을 하나의 매우 큰 이미지에 타일 맵으로 처리했다. 우리가 만든 맵에서 많은 타일이 사용되고 있지 않으므로, 간단히 쓰지 않는 타일을 모두 지우는 방법이 있다.

즉, 전체 게임에 대해 하나의 큰 이미지를 쓰기보다는 각 존마다 작은 이미지를 쓰는 것이다. 이 방법은 존이 바뀌는 경우를 관리해야 하는 등 코드가 복잡해지겠지만, 타일이 줄어듦으로써 생기는 레벨 디자인의 제약을 해소할 수 있다.

몇몇 경우 이 방법을 써도 이미지 사이즈를 줄이기 힘들 수 있다. 간단하게 데스크탑을 위한 타일 맵과 모바일을 위한 것을 따로 준비하는 방법이 있다. 그리고 모바일 버전에서는 타일의 개수를 줄이는 것이다. 예를 들어 우리 게임에서는 초원을 그리기 위해 다음과 같은 여러 개의 타일을 사용한다.

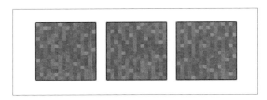

간단하게 하나의 타일로 줄여버린다. 물론 그래픽 결과는 좀 떨어지겠지만, 타일 개수를 극적으로 줄일 수 있다. 하지만, 각 레벨마다 두 개의 타일 맵을 관리해야 하는 단점이 있다.

퍼포먼스의 한계: 속도

모바일 디바이스의 성능은 천차만별이지만, 가장 좋은 디바이스라 하더라도 데스크탑 성능에는 한참 미치지 못한다. 즉, 게임을 만드는 데 얼마나 애를 썼던 간에 모바일 디바이스에서 쉽게 동작하지는 않는다는 것이다. 하지만, 많은 게임이 약간의 변형을 통해 납득 가능한 정도의 속도를 얻을 수 있다.

DOM 기반의 게임은 속도를 올릴 부분이 그렇게 많지 않다. 처음으로 할 것은 스프라이트와 타일의 개수를 줄이는 것이다.

페이지에서 보이는 영역 특정

아주 간단한 방법은 게임 영역을 줄여서 표시되는 타일을 줄이는 것이다. 게임이 디바이스 해상도에 맞추어 화면 전체를 채우게 하고 싶다면 이 방법은 매우 좋지 않은 생각으로 들릴 것이다. 물론 그렇지만 꼭 그렇지도 않다. 화면 전체를 채우는 데 꼭 디바이스의 전체 해상도를 사용할 필요가 없다.

모바일 브라우저는 매우 편리한 meta 프로퍼티를 통해 브라우저가 표시할 너비를 지정할 수 있다. 이는 간단히 특정 크기의 게임 영역을 브라우저의 풀스크린으로 표시할 수 있게 한다.

이 프로퍼티는 viewport라고 불리며, 화면의 너비를 다음과 같이 지정할 수 있다.

```
<meta name="viewport" content="user-scalable=no, width=480" />
```

여기서 두 개의 설정을 했다. 첫 번째는 브라우저의 원본 크기를 480픽셀로 정했다. 디바이스의 네이티브 해상도가 960픽셀이라면 페이지는 확대되어 표시된다고 볼 수 잇다. 디바이스가 320픽셀의 해상도를 갖는다면 페이지는 축소되어 표시될 것이다.

두 번째는 확대 축소 기능을 비활성화한 것이다. 이는 나중에 터치 이벤트를 직접 핸들링하게 되면, 확대 축소 제스처 등을 임의로 처리할 수 있기 때문에 필요 없어지기는 한다.

레벨의 디테일

스프라이트 수를 줄이는 것은 좀 까다롭다. 예를 들어 NPC(비플레이 캐릭터)나 적의 개수를 줄이기 싫을 때다. 지울 수 있는 엘리먼트를 일일이 확인하는 것은 지루한 작업이다.

다음 그림은 5장에서 가지고 왔다. 어떤 식으로 우리 RPG의 타일을 구성했는지 기억해내자.

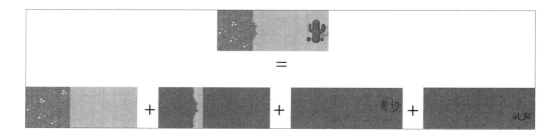

순전히 꾸미기 용도로 있는 마지막 두 장의 레이어는 간단히 제거할 수 있다. 이로써 스프라이트 개수가 줄어든다.

이 방법은 모든 엘리먼트를 일일이 확인하는 과정이 필요하지 않다. 두 가지 버전의 레이어를 쓰겠다면, 하나는 많은 엘리먼트가 존재하는 것, 나머지 하나는 엘리먼트가 적은 것으로 유지할 수 있다.

그럼에도 스프라이트 개수를 줄여야겠다면 게임 플레이에 미칠 영향을 고려해야 한다. 정답은 없겠지만 원래의 플레이를 해치지 않으면서 속도를 올리는 밸런스를 잘 잡아야 할 것이다.

터치 컨트롤

지금까지 모바일 디바이스의 문제점만 살펴봤는데, 모바일 디바이스에서의 이점도 있다. 터치 스크린으로 매우 흥미로운 게임 인터렉션을 만들 수 있다(멀티터치가 된다면 더욱 더).

이 절에서 우리는 게임을 터치로 컨트롤할 수 있는 두 가지 방법을 다룰 것이다. 이는 플레이어와 게임의 인터렉션에 창의적이고 새로운 방법을 가미하여 관심을 끌 수 있는 분야이다. 터치 컨트롤 API는 표준이 아니라는 것과 각각의 모바일 디바이스는 이를 약간씩 다르게 구현해 두었다는 것을 알아둬야 한다. 그렇긴 해도 아래의 코드는 iOS에서 제대로 동작하고 최근의 안드로이드에서도 잘 동작한다.

우리가 구현할 두 인터페이스는 기본적으로 같은 생각에서 출발한다. 전체 화면을 조이패드로 생각하고 화면에 UI 엘리먼트를 표시하지 않는다. 이 방법은 큰 표면을 컨트롤에 이용할 수 있고, 따라서 좀 더 미세한 조종이 가능하다. 하지만, 화면에 보이지도 않는 것을 어떻게 컨트롤하는지 유저에게 설명을 해야만 한다는 단점이 있다.

코드는 아래쪽 구석에서만 컨트롤이 되게 하는 것보다 간단하게 적용할 수 있다.

D패드

D패드(방향 패드)는 구식 콘솔이 쓰던 컨트롤이다. 몇 가지 미리 정의된 방향을 유저가 누를 수 있다(예를 들면 상, 하, 좌, 우). 조이스틱이 아날로그 방식으로 미세한 방향 조절(예를 들면 30도)이 되는 것과 차이가 있다. 일단 처음으로 다음 그림처럼 화면을 다섯 개의 존으로 나누어 구현해보자.

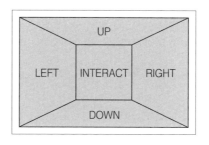

이 방법은 키보드 컨트롤과 1대 1로 매칭된다는 장점이 있다. 플레이어가 UP 존을 누르는 것은 키보드 위 화살표 누르는 것과 같다. 나머지 가장자리에 있는 존도 마찬가지다. 플레이어가 가운데 INTERACT 존을 누르는 것은 키보드의 스페이스 바를 누르는 것과 같게 처리할 수 있다.

구현을 위해 다섯 개의 가상 키를 만들고 키보드 입력과 한꺼번에 처리할 수 있도록 확장할 것이다. 다음 코드는 가상 키들을 정의한 것이다.

```
var UP = {
    on: false,
    id: 0
};
var DOWN = {
    on: false,
    id: 0
};
var LEFT = {
    on: false,
    id: 0
};
var RIGHT ={
    on: false,
    id: 0
};
var INTERACT ={
    on: false,
    id: 0
};
```

위에서 볼 수 있듯이 각 키는 ID 필드를 가지고 있다. 이 값은 어떤 손가락이 키를 누르고 있는지를 구분하게 되는데, 멀티터치 이벤트를 다루기 위해서 꼭 필요하다. 그리고 키를 누른 상태에서 true, 떼는 순간 false가 되는 on 필드가 있다.

플레이어가 화면을 터치하는 것을 감지할 수 있도록 touchstart 이벤트 핸들러를 등록한다. 이 이벤트는 터치 목록을 포함한다는 것을 빼면 onmousedown 이벤트와 비슷하다. 터치 목록을 포함하는 이유는 멀티터치를 지원하기 위해서이다. 하나의 손가락만이 화면을 터치한다고 볼 수 없을 것이기 때문이다.

모든 터치 정보는 event.changedTouches 배열에 저장된다. 이벤트 핸들러 코드에서 이 터치 정보들을 모두 살펴봐야 할 것이다. 다음 코드는 이벤트 핸들러 전체다.

```
document.addEventListener('touchstart', function(e) {
    if(gameStarted){
        e.preventDefault();
        for (var i = 0; i < e.changedTouches.length; i++){
            var touch = e.changedTouches[i]
```

```
        var x = touch.pageX - 480 / 2;
        var y = touch.pageY - 320 / 2;
        if (Math.abs(x) < 20 && Math.abs(y) < 20){
            INTERACT.on = true;
            INTERACT.id = touch.identifier;
        } else if (Math.abs(x) > 480 / 320 * Math.abs(y)) {
            // 왼쪽이나 오른쪽
            if(x > 0){
                RIGHT.on = true;
                RIGHT.id = touch.identifier;
            } else {
                LEFT.on = true;
                LEFT.id = touch.identifier;
            }
        } else {
            // 위나 아래
            if(y > 0){
                DOWN.on = true;
                DOWN.id = touch.identifier;
            } else {
                UP.on = true;
                UP.id = touch.identifier;
            }
        }
        }
    }
}, false);
```

'jQuery Core'는 터치 이벤트를 지원하지 않기 때문에 표준적인 이벤트 핸들러 등록 방법을 사용하였다. 그리고 이벤트가 버블링되는 것을 막아서 줌이나 스크롤 같은 것을 막는다. 이 이벤트 핸들러의 마지막 부분은 어떤 키를 터치하였는지 판단해서 on 플래그를 true로 바꿔주고, 손가락 ID를 등록하여 추적하는 데 이용한다.

이제 언제 터치가 끝나는지 알 필요가 있다. 이것은 touchend 이벤트를 통해서 할 수 있다. 이벤트 핸들러의 구조는 touchstart 이벤트 핸들러와 비슷하게 될 것이다. 여기서는 터치가 끝나는 위치를 신경 쓸 필요가 없고 오직 손가락 ID만 필요하다. 터치가 떨어지면 on 플래그를 false로 바꿔줄 것이다.

```
document.addEventListener('touchend', function(e) {
    if(gameStarted){
        e.preventDefault();
        for (var i = 0; i < e.changedTouches.length; i++){
            var touch = e.changedTouches[i]
            if (touch.identifier === UP.id){
                UP.on = false;
            }
            if (touch.identifier === LEFT.id){
                LEFT.on = false;
            }
            if (touch.identifier === RIGHT.id){
                RIGHT.on = false;
            }
            if (touch.identifier === DOWN.id){
                DOWN.on = false;
            }
            if (touch.identifier === INTERACT.id){
                INTERACT.on = false;
            }
        }
    }
}, false);
```

이 코드로 버추얼 키에 제대로 된 정보를 넣었다. 이제 실제로 키가 눌린 상태와 같이 게임에 적용할 것이다. 이것이 이 코드에서 하려는 것이다. 코드에서 바뀐 부분은 강조되어 있다.

```
var gameLoop = function() {
    var idle = true;
    if(gf.keyboard[37] || LEFT.on){ // 왼쪽 화살표
        player.left();
        idle = false;
    }
    if(gf.keyboard[38] || UP.on){ // 위쪽 화살표
        player.up();
        idle = false;
    }
```

```
if(gf.keyboard[39] || RIGHT.on){ // 오른쪽 화살표
    player.right();
    idle = false;
}
if(gf.keyboard[40] || DOWN.on){ // 아래쪽 화살표
    player.down();
    idle = false;
}
if(gf.keyboard[32] || INTERACT.on){ // 빈 공간
    player.strike();
    idle = false;
}
if(idle){
    player.idle();
}
// ...
};
```

이렇게 작은 수정으로 첫 번째 터치 컨트롤이 만들어졌다.

아날로그 조이스틱

위 방법도 나쁠 건 없지만 플레이어에게 아바타를 좀 더 자연스럽게 움직일 수 있
도록 하고 싶을 수 있다. 다음 방법은 여기에서 출발한다. 이제 화면을 두 존으로
나눌 것이다. 가운데 위치한 작은 부분은 스페이스 바를 눌렀을 때와 같은 역할을
할 것이고, 그리고 나머지 가장자리 부분이다. 다음 그림은 이 두 존을 보여준다.

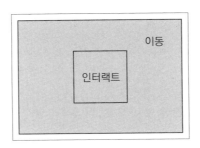

플레이어가 가장자리를 터치하면 그 방향으로 아바타가 이동하게 된다. 플레이어가 터치 방향을 바꾸면 아바타의 움직임도 그에 맞춰 바뀌게 된다. 다음 그림과 같다.

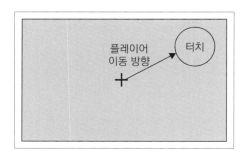

이 방법은 기존의 방법과 살짝 다르므로, player 오브젝트에 새 direction 메소드를 추가할 것이다. 이 함수는 호도법으로 각도를 입력받고 플레이어가 새 포지션으로 가장 잘 움직일 수 있는 애니메이션을 추정해낸다. 다음의 코드가 이 함수를 나타낸다.

```
this.move = function(angle){
    if(state !== "strike"){
        var xratio = Math.cos(angle);
        var yratio = Math.sin(angle);
        if(Math.abs(xratio) > Math.abs(yratio)){
            if(xratio < 0){
                this.left();
            } else {
                this.right();
            }
        } else {
            if (yratio < 0){
                this.up();
            } else {
                this.down();
            }
        }
        moveX = 3*xratio;
        moveY = 3*yratio;
    }
};
```

코드에서 강조한 부분이 여기에서 가장 중요한 부분이다. 사인과 코사인 함수를 이용하여 가로 및 세로 방향의 움직임을 계산한다. 다음 그림을 보면 이해가 될 것이다.

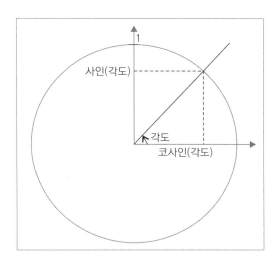

이 두 함수는 플레이어가 각 축에 대해 얼마나 움직여야 하는지 –1에서 1 사이의 값을 돌려준다. 여기에 간단히 최대로 움직일 수 있는 이동량(여기서는 3)을 곱해서 실제로 각 축에 대해 얼마나 움직일지를 얻는다.

우리는 플레이어가 키보드와 터치스크린으로 컨트롤하려는 것에 대해 지원하지 않을 것이다. 이 두 방법은 매우 다르기 때문이다.

이벤트 핸들러

이제 버추얼 키를 만들었을 때와 비슷하게 코드를 작성할 것이다. 여기서 단 두 개만 주의하면 된다. 하나는 인터렉션 키로서 방금 짠 것과 같다. 다른 하나는 약간 특이한데 아바타가 이동하게 될 각도를 저장한다.

touchstart 이벤트 핸들러는 예전 것과 거의 같고, 화면 가운데에서 터치한 위치의 각도를 계산하는 것만 다르다.

```
document.addEventListener('touchstart', function(e) {
    if(gameStarted){
        for (var i = 0; i < e.changedTouches.length; i++){
            var touch = e.changedTouches[i];
            var x = touch.pageX - 480 / 2;
            var y = touch.pageY - 320 / 2;
            var radius = Math.sqrt(Math.pow(x,2)+Math.pow(y,2));
            if(radius < 30) {
                INTERACT.on = true;
                INTERACT.id = touch.identifier;
            } else if(!MOVE.on){
                MOVE.on = true;
                MOVE.id = touch.identifier;
                MOVE.angle = Math.atan2(y,x);
            }
        }
    }
}, false);
```

여기서 또 다른 삼각함수인 코탄젠트를 썼다. 이 함수는 직각삼각형의 두 선분으로부터 각도를 구할 수 있게 해준다. 다음 그림을 보자.

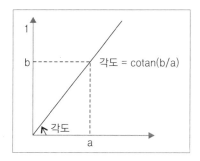

touchend 핸들러는 이전 것과 완전히 같지만 두 개의 버추얼 키에만 대응한다.

```
document.addEventListener('touchend', function(e) {
    if(gameStarted){
        for (var i = 0; i < e.changedTouches.length; i++){
            var touch = e.changedTouches[i]
```

```
        if (touch.identifier === INTERACT.id){
            INTERACT.on = false;
        }
        if (touch.identifier === MOVE.id){
            MOVE.on = false;
        }
    }
  }
}, false);
```

이제 터치 중에 손가락의 움직임을 추적할 세 번째 이벤트 핸들러가 필요하다. 이 핸들러는 touchend 이벤트 핸들러와 비슷하지만, MOVE 버추얼 키의 각도를 계속 업데이트한다.

```
document.addEventListener('touchmove', function(e) {
    if(gameStarted){
        e.preventDefault();
        for (var i = 0; i < e.changedTouches.length; i++){
            var touch = e.changedTouches[i];
            if (touch.identifier === MOVE.id){
                var x = touch.pageX - 480 / 2;
                var y = touch.pageY - 320 / 2;
                MOVE.angle = Math.atan2(y,x);
            }
        }
    }
}, false);
```

이 세 이벤트 핸들러로 새로운 컨트롤 인터페이스에 대한 구현을 마쳤다. 어떤 방법이 가장 나은지 주의 깊게 생각해 보아야 할 것이다. 컨트롤 방법에 따라 게임의 흥망성쇠가 결정될 수도 있으니 맞는 방법을 찾기 위한 시도를 망설이지 말아야 한다.

스프링보드에 게임 추가

이것은 iOS에서 게임을 풀스크린으로 띄울 수 있는 매우 우아한 방법이다. 적절한 설정을 통해 게임을 스프링보드에 설치할 수 있게 할 수 있다. 몇 가지 효과가 있는데, 게임이 실행될 때 브라우저 UI가 표시되지 않고 아이콘과 스플래시 스크린을 가질 수 있다.

게임을 설치 가능하게 하기

게임을 인스톨할 수 있게 하기 위해서, 문서 헤드에 `apple-mobile-web-app-capable` 메타 태그를 `yes`로 설정해야 한다. 이렇게 설정하면 사용자는 다음과 같은 사파리 화면을 통해서 게임을 스프링보드에 추가할 수 있다.

다음의 코드를 헤더에 넣도록 한다.

```
<meta name="apple-mobile-web-app-capable" content="yes" />
```

웹 페이지를 이 방법으로 인스톨하면 브라우저 UI 엘리먼트(크롬이라고 부름) 없이 실행할 수 있다. 다음 그림에서 UI 엘리먼트의 이름을 알 수 있다.

슬프게도 이 책을 쓰는 시점에서 안드로이드는 이러한 기능을 지원하지 않는다. 몇몇 디바이스는 웹 페이지를 메인 스크린에 커스텀 아이콘과 함께 표시할 수 있게 해주지만 크롬을 표시하지 않는 모드는 지원하지 않는다. 나머지 디바이스는 이 기능을 완전히 무시한다.

스테이터스 바 설정

스프링보드에서 실행하면 스테이터스 바만이 화면에 남아 있는 UI다. 위 그림에서 볼 수 있듯이 스테이터스 바는 화면 상단에 위치하며 네트워크 상태나 이름, 배터리 잔량 정보를 표시한다.

스테이터스 바가 보이는 모양을 애플리케이션에 어울리게 조정하는 것이 가능하다. 이것은 `apple-mobile-web-app-status-bar-style` 메타 태그를 통해 할 수 있다.

다음 목록은 이 메타 태그를 통해 설정할 수 있는 값과 그 효과다.

- `default`: 메타 태그를 설정하지 않거나 이 값으로 설정하면 스테이터스 바는 OS에서 알아서 나타낸다.

- `black`: 스테이터스 바는 검정 바탕에 하얀 글자로 표시된다.

- `black-translucent`: 스테이터스 바는 약간 투명한 검정 바탕에 하얀 글자로 표시된다. 좀 독특한 현상이 있는데 스테이터스 바 아래로 웹 페이지가 렌더링된다. 이 방법을 통해 풀스크린 디바이스 해상도를 쓸 수 있다는 장점이 있다. 이 말은 다른 설정으로는 화면 상단의 몇 픽셀을 사용할 수 없다는 의미다.

다음 코드를 헤더에 추가한다.

```
<meta name="apple-mobile-web-app-status-bar-style"
content="blacktranslucent" />
```

애플리케이션 아이콘 설정

아무것도 설정하지 않는다면 iOS는 웹 페이지의 스크린샷을 아이콘으로 사용한다. 특정 아이콘을 사용하길 원한다면 `link` 태그를 하나 더 써야 한다. 문제는 각각의 애플 디바이스에 다른 사이즈의 아이콘이 필요하다는 것이다. 해결 방법은 다음 코드처럼 `link` 태그에 아이콘의 사이즈를 명시하는 것이다.

```
<link rel="apple-touch-icon" sizes="72x72" href="icon.png" />
```

가능한 사이즈는 57×57, 72×72, 114×114, 144×144이다. 이렇게 설정하면 아이콘 위에 글로시 이펙트가 들어가게 된다. 이런 이펙트를 원하지 않는다면 `rel` 어트리뷰트에 `apple-touch-icon-precomposed`를 대신 사용하도록 한다.

스플래시 스크린 설정

유저가 게임을 실행하면 로딩되는 동안 웹 페이지의 스크린샷이 표시된다. 특정 이미지를 대신 띄우고 싶다면 link 태그 rel 어트리뷰트 apple-touch-startup-image를 이용할 수 있다.

아이콘에서와 같이 각 디바이스는 다른 해상도의 화면을 가지기 때문에 해당하는 해상도 각각의 이미지를 필요로 한다. 하지만, 아이콘과 같은 방법으로 특정하는 것은 제공되지 않는다. 대신 media 어트리뷰트를 사용한다.

media 어트리뷰트에 device-width로 디바이스 해상도 너비를 정하고, orientation으로 디바이스의 오리엔테이션, -webkit-device-pixel-ratio로 레티나 여부를 특정할 수 있다. 완전한 예제는 다음과 같다.

```
<link href="startup-image.png" media="(device-width: 320px) and
(orientation: portrait) and (-webkit-device-pixel-ratio: 2)"
rel="apple-touch-startup-image">
```

디바이스 오리엔테이션 사용

디바이스 오리엔테이션을 사용하는 것이 효과적인 경우가 있다. 예를 들면 디바이스 오리엔테이션으로 아바타의 이동을 컨트롤할 수 있다. 간단하게 이벤트 핸들러를 등록해서 디바이스 오리엔테이션이 바뀔 때마다 이벤트를 받을 수 있다. 다음 코드를 보자.

```
if(window.DeviceOrientationEvent) {
  window.addEventListener("deviceorientation", function(event){
    var alpha = event.alpha;
    var beta = event.beta;
    var gamma = event.gamma;
    // 오리엔테이션을 이용한 작업
  }, false);
}
```

첫 번째 if 문은 디바이스가 오리엔테이션 API를 지원하는지 검사한다. 지원한다면 디바이스의 오리엔테이션을 받을 수 있는 이벤트 핸들러를 등록한다. 이 오리엔테이션은 3개의 각도를 갖는데 alpha는 z축을 기준으로 한 회전, beta는 x축, gamma는 y축을 기준으로 한 값이다.

이미 x와 y축에 대해서는 알 것이다. 게임 엘리먼트의 포지션과 같다. z축은 스크린에서 사용자를 향하는 방향의 축이다.

다음 그림은 각 축과 그에 따른 각도를 보여준다.

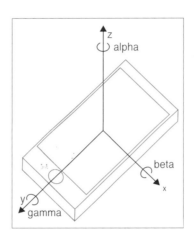

오프라인 애플리케이션 캐시 사용

모바일 디바이스에는 웹 페이지가 오프라인에서 동작할 수 있도록 하는 매우 유용한 기능이 있다. 우리가 지금까지 만들어 온 게임은 한 번 인스톨하면 다시는 리소스를 로딩하기 위해 네트워크를 연결할 필요가 없다.

오프라인 모드를 활성화하기 위해서 매니페스트라고 불리는 파일을 만들어야 한다. 매니페스트는 게임에 필요한 모든 파일의 목록이다. 이 파일들은 게임이 스프링보드에 인스톨될 때 디바이스 로컬에 저장되게 된다.

매니페스트 파일의 형식은 다음과 같다.

```
CACHE MANIFEST

CACHE:
tilesheet.png
level.json
gameFramework.js
rpg.js
jquery.js

NETWORK:
*
```

CACHE 섹션은 로컬에 저장될 모든 파일의 목록이다. NETWORK 섹션은 애플리케이션이 온라인일 때 접근할 수 있는 모든 외부 리소스 목록이다. 네트워크 연결을 강제할 생각이 없다면 간단하게 앞의 예제에 *를 쓰면 된다.

이 매니페스트를 게임에 링크하기 위해 다음의 어트리뷰트를 html 태그에 추가한다.

```
<html manifest="pathto/manifestFiles">
```

매니페스트 파일은 text/cache-manifest라는 MIME 타입으로 제공되어야 한다.

매니페스트를 통해 인스톨된 애플리케이션은 서버에서 게임 리소스가 바뀌더라도 새로 업데이트되지 않는다. 리소스를 새로고침할 수 있는 유일한 방법은 매니페스트 파일을 변경하는 것이다. 실제로 매니페스트 파일 내용을 변경할 게 없다면 간단하게 타임스탬프를 코멘트로 달거나 하면 된다. 이것으로 새로고침을 충분히 유발할 수 있다.

다른 방법으로 정적 미디어에 버전 넘버를 붙이는 것이다. 이 방법으로 iOS에서 정적 파일이 제대로 새로고침되지 않는 버그를 피할 수 있다.

웹 스토리지 사용

플레이어의 최고 점수 같이 서버로 전송해야 할 정보가 있다. 그런데 지금 당장은 오프라인에서 동작하고 있다면 어떻게 해야 할까?

웹 스토리지를 사용해서 해결할 수 있다. 웹 스토리지로 할 수 있는 모든 것을 다 루지는 않겠지만, 기본적인 아이디어는 서버로 전송해야 할 모든 정보를 로컬 스 토리지에 저장해두고 게임이 온라인이 되었을 때 다시 전송하는 것이다. 이 기술 은 HTML5 스펙의 한 가지이며, 최근의 브라우저는 이 기능을 지원한다. 저장할 수 있는 데이터의 공간은 5MB이며, 따라서 이 공간을 지혜롭게 사용해야 한다.

클라이언트 사이드에서 값을 저장하기 위해 sessionStorage 오브젝트의 setItem 메소드를 사용한다. 값을 얻기 위해서는 getItem 메소드를 사용하면 된다.

다음 코드를 보자.

```
sessionStorage.setItem('key','value');
sessionStorage.getItem('key');
```

이제 게임이 온라인인지 navigator 오브젝트의 online 플래그를 통해 확인한다.

```
if(navigator.onLine){
    // 서버에 데이터 보내기
}
```

우리의 RPG 게임에서는 플레이어의 위치와 로컬에서 죽인 적을 저장하고, 인터넷 연결이 복구되면 서버에 전송할 것이다.

정리

9장에서는 모바일 디바이스에서만 사용할 수 있는 API에 대해 배웠다. 게임이 모바일 디바이스에서 작동하도록 하는 것은 큰 도전이지만, 잠재적인 플레이어를 늘리는 데 매우 큰 역할을 한다.

또한 게임을 PhoneGap(Apache Cordova로도 알려짐)을 사용해 앱스토어에 올릴 수도 있다.

10장에서는 게임에 어떻게 음악을 넣는지에 대해 살펴볼 것이다. 웹 기술을 이용해서 음악을 재생하는 것은 매우 까다롭지만, 고생할 만한 충분한 가치가 있다.

10
소리 설정

10장은 이 책의 마지막 장이지만, 그렇다고 가장 중요하지 않은 주제는 아니다. 음악과 사운드 이펙트는 게임의 사용자 경험에 가장 중요한 부분 중의 하나다. 알맞은 음악은 게임 레벨의 느낌을 완전히 바꿀 수 있다. 알맞은 사운드 이펙트는 플레이어가 게임의 기작을 이해하는 데 도움을 주고, 플레이어가 정확한 액션을 정확한 시간에 했는지 피드백을 줄 수 있다.

게다가 플레이어는 당연히 게임에서 소리가 날 것으로 생각한다. 하지만, 슬프게도 HTML 게임은 사운드에 몇 가지 큰 문제를 안고 있다. 모든 브라우저에서 제대로 소리가 나게 하는 해결법은 존재하지 않는다.

10장에서는 소리를 넣기 위한 네 가지 기술을 다룰 것이다.

- **임베딩**Embedding: 페이지에 소리를 넣기 위한 가장 오래된 방법이다. 이 방법은 배경 음악으로 MIDI 파일 등을 깔기 위해 사용되어 왔다. 이 방법은 표준이 아니며, 자바스크립트로 다룰 수 있는 일관된 API가 없고 특정 오디오 형식이 이

브라우저에서 꼭 재생될 것이라고 장담할 수도 없다. 하지만, 대부분의 브라우저가 임베딩을 지원한다는 장점이 있다.

- **HTML5 오디오**: 소리를 내기 위해 `audio` 태그를 사용할 수 있다. 이 방법도 대부분의 브라우저가 지원한다는 장점을 가지고 있다. 하지만, 브라우저별로 사용하는 코덱이 다르기 때문에 각 브라우저를 따로 신경 써야 하고, 소리를 조종할 수 없다는 단점이 있다.

- **웹 오디오 API**: OpenAL의 자바스크립트 래퍼wrapper이다. 즉, 소리를 마음껏 다룰 수 있다. 하지만, 애석하게도 현재 크롬과 사파리(iOS 포함)에서만 지원한다.

- **플래시**: 소리를 재생하기 위해 플래시를 사용할 수 있다. 자바스크립트로 게임을 만드는데 플래시를 쓴다는 것이 이상하게 들릴지 모르겠으나, 예전 브라우저를 위한 대비책에 일반적으로 사용되는 방법이다.

그리고 게임에 쓸 소리를 생성할 수 있는 몇 가지 흥미로운 도구를 살펴볼 것이다.

오디오 추상화

먼저 우리 프레임워크와 소리를 내는데 사용할 구현체간의 인터렉션을 추상화할 간단한 라이브러리를 만들자. 이 코드는 우리가 구현할 내역에 대한 '계약'을 나타낸다.

```
// 사운드 오브젝트
sound = function(){
    // 사운드 프리로딩
    this.preload = function(url){
        // TODO: 구현해야 함
    };

    // 사운드가 프리로딩되면 true를 리턴
    this.isPreloaded = function(){
        // TODO: 구현해야 함
    }
```

```
        // 소리를 재생한다.
        // loop가 켜져 있다면 중지할 때까지 반복될 것이다.
        this.play = function(loop){
            // TODO: 구현해야 함
        };

        // 사운드 정지
        this.stop = function(){
            // TODO: 구현해야 함
        };
};
```

웹 오디오 API를 구현으로 이용한다면 더 많은 기능을 넣을 수 있다. 하지만, 이 라
이브러리는 어떤 오디오 라이브러리를 사용하더라도 동작할 수 있게 기본 기능만
가졌다.

작은 라이브러리 사용

게임에 소리를 사용하기 위해 HTML 파일에 해당하는 구현을 링크한다.

```
<script type="text/javascript" src="sound.js"></script>
```

이제 레벨에 배경 음악을 삽입한다. 이를 위해 사운드를 설정하고 미리 로딩해야
하는데, initialize 함수를 두 부분으로 나누어 처리할 것이다.

```
var initialize = function() {
    // ...
    backgroundMusic = new sound();
    backgroundMusic.preload("background_music.mp3");
    waitForSound();
}

var waitForSound = function(){
    if (backgroundMusic.isPreloaded()){
        // ...
        backgroundMusic.play(true);
    } else {
        setTimeout(arguments.callee, 100);
    }
}
```

waitForSound 함수는 음악이 로딩이 다 되었는지 체크한다. 로딩이 끝나지 않았다면 약간 시간이 흐른 후에 다시 체크한다(정확히 100밀리초 후에). 보는 바와 같이, 음악이 로딩이 되면 레벨을 시작하고 음악을 재생한다. 이제 다음 코드를 이용하여 레벨이 끝났을 때 음악을 중지시키도록 한다.

```
var player = new (function(){
    // ...
    this.update = function () {
        if(status == "dead"){
            // ...
        } else if (status == "finished") {
            backgroundMusic.stop();
            // ...
```

다음 레벨이 시작할 때 다시 음악을 재생한다.

```
var gameLoop = function() {
    if(gameState === "level"){
        // ..
    } else if (gameState === "menu") {
        if (gf.keyboard[32]){
            // ..
            backgroundMusic.play(true);
        }
    }
};
```

오디오 라이브러리가 방금 정의한 계약을 만족한다면, 이 수정으로 우리 게임이 배경 음악을 가질 수 있게 되었다. 그럼 오디오 라이브러리 구현체를 각각 살펴보자.

임베딩 사운드

HTML은 특정 콘텐츠를 플러그인에 위임하여 표시할 수 있는 굉장히 편리한 방법을 가지고 있다. 바로 embed 태그다. 이 태그는 표준이 아니지만 모든 브라우저가 지원하고 웹사이트에 플래시를 넣기 위해 널리 사용된다.

embed 태그를 이용해서 소리를 웹 페이지에 넣을 수 있다. 하지만, 이상적인 방법이라고 할 수 없는 많은 이유를 가지고 있다.

- 이 기능을 프로그래밍적으로 사용할 수 있는 표준적인 방법이 존재하지 않는다.
- 플러그인이 소리 재생을 제어할 수 있게 노출한 API의 표준이 존재하지 않는다. 플러그인이 로드된 후에 확인할 수는 있지만 신뢰성이 떨어진다. 게다가 구현해야 할 플러그인이 매우 많이 존재한다.
- 지원 가능한 포맷이 브라우저뿐만 아니라 설치된 플러그인에 따라 달라진다.
- 심지어 플러그인이 사운드 포맷을 지원한다고 하더라도, 브라우저가 재생을 위해 권한을 요청할 수 있다. 사용자가 승인 하기 전에는 소리가 재생될 수 없다.

임베딩을 이용해서 게임에 소리를 넣는 방법 중에도 믿을 만한 것이 존재할 수 있으나, 10장 나머지에서 설명할 다른 방법을 이용할 것을 추천한다.

구현

프리로딩Preloading을 위한 구현 코드를 살펴보자.

```
// 사운드 프리로딩
this.preload = function(url){
    // 임베딩 사운드에는 프리로딩이 지원되지 않으므로 일단 URL만 저장해둔다.
    this.url = url;
};

// 사운드가 프리로딩되었다면 true를 리턴
this.isPreloaded = function(){
    // 프리로딩이 되지 않으므로 항상 true를 리턴
    return true;
}
```

프리로딩 구현을 위해선 embed 태그가 소리를 재생하는 데 쓰는 플러그인이 어떤 것인지 정확히 알 필요가 있다. 하지만, 이것은 불가능하다. 대신에 완전히 일반적인 구현을 이용한다. 그 부작용으로 프리로딩을 지원할 수가 없다. 그렇기 때문에 위 코드에서는 항상 true를 리턴하도록 했다.

이는 큰 문제를 가지고 있는데, 소리를 꼭 재생해야지만 파일을 로딩할 수 있다. 따라서 소리를 재생하기 위해 play 함수를 호출해도 한참 후에나 소리를 듣게 될수 있다. 배경 음악은 큰 문제가 아닐 수 있으나, 효과음은 완전히 쓸모 없어질 수도 있다. 그래도 두 번째 재생할 때는 소리가 아마 캐시가 되었을 테니 재생이 지연되는 것은 줄어들 것이다.

우리는 플러그인과 자바스크립트 API로 인터렉션하지 않을 것이므로, 바로 재생되도록 설정한 embed 태그를 페이지에 간단히 삽입하면 된다.

```
// 소리를 재생한다.
// loop가 켜져 있다면 중지할 때까지 반복될 것이다.
this.play = function(loop){
    var embed = "<embed width='0' height='0' src='";
    embed += this.url;
    embed += "' loop='";
    embed += (loop)? "true" : "false";
    embed += "' autostart='true' />";
    this.obj = $(embed);
    $("body").append(this.obj);
};
```

stop 메소드에서 생성된 태그를 삭제하게 한다.

```
// 사운드 정지
this.stop = function(){
    this.obj.remove();
};
```

이렇게 하면 생성한 태그를 재사용하지 못하는 문제가 있다. 하지만, 이 기술은 많은 소리를 내는 상황에서 쓰지 않을 테니 그렇게 큰 문제는 아니다.

지원되는 포맷

embed 태그는 설치된 플러그인에 의존하므로 소리 파일이 꼭 재생될 것이라고 확언할 수는 없다. 하지만, WAV나 MIDI 파일을 사용한다면 웬만하면 재생될 것이다.

WAV 파일에는 많은 인코딩 방법이 있으므로 주의해야 한다. 최대의 호환성을 위해서 압축되지 않은 형식을 사용하는 것이 좋다.

HTML5 오디오 엘리먼트

플래시 멀티미디어 기능에 맞추기 위해 HTML5에 video와 audio 엘리먼트가 추가되었다. 두 태그 모두 문서에 추가할 필요 없이 자바스크립트 API로 생성되고 제어할 수 있다(Image 오브젝트가 img 태그 없이 로딩할 수 있는 것과 비슷하다.).

audio 태그가 어떤 식으로 써지는지 먼저 살펴보자.

```
<audio>
    <source src="backgroundMusic.ogg" type='audio/ogg;
        codecs="vorbis"'>
    <source src="backgroundMusic.mp3" type='audio/mpeg; codecs="mp3"'>
</audio>
```

보는 바와 같이 audio 태그는 여러 개의 오디오 소스를 가질 수 있다. 이는 파일 포맷 호환성이라는 문제를 피하기 위함이다. 현재 모든 최신 브라우저는 audio 태그를 지원하지만, 공통적으로 지원하는 포맷은 없다. 이 문제를 해결하기 위해서 오디오를 여러 포맷으로 만들어야 한다.

이는 이상적이라고 보긴 힘들다. 항상 서버에 오디오를 여러 포맷으로 유지하고 있어야 한다. 다음 표는 현재 브라우저와 오디오 포맷 간의 호환성을 보여준다.

	MP3	AAC	WAV	Ogg Vorbis
크롬	V		V	V
파이어폭스			V	V
IE	V	V		
오페라			V	V
사파리	V	V	V	

표를 보듯 모든 브라우저를 지원하기 위해선 최소한 2개의 포맷을 만들어야 한다. MP3와 Ogg Vorbis(확장자는 .ogg)를 고르는 것이 좋다.

게임을 위해서는 일반적으로 HTML 태그를 직접 쓰는 것보다 자바스크립트 API를 직접 이용한다. 시작하기 전에 첨언하자면, 이 기능은 아직 완전히 표준으로 확립되지는 않았지만 대부분의 최신 브라우저가 잘 지원하고 있다. 예전에 표준이 바뀌기 전에는 오래된 브라우저가 약간 다르게 기능을 구현했었던 적이 있다.

그럼 어떻게 오디오 엘리먼트를 만들 수 있는지 자바스크립트 코드를 보도록 하자.

```
var audio = new Audio();
```

브라우저가 지원하는 포맷이 무엇인지 알기 위해서 canPlayType 메소드를 이용한다. 기본적인 사용법은 다음과 같다.

```
var canPlay = audio.canPlayType('audio/ogg; codecs="vorbis"');
```

문제는 이 함수의 결과 값인데, 'probably'와 'maybe', 'no', ""가 리턴될 수 있다. 이 결과는 원하는 내용과 꽤 동떨어져 있어 보인다. 같은 포맷으로 보여도 항상 디코딩할 수 있다는 보장은 할 수 없기 때문에 이런 결과가 리턴된다. 그럼 각 리턴 값이 의미하는 바를 알아보자.

- 'probably': 거의 재생할 수 있다는 뜻이다. 브라우저는 이 포맷을 알고 있고 이 형식의 대부분의 파일을 디코드할 수 있다.

- 'maybe': 브라우저는 이 포맷을 알고 있지만 이 포맷의 모든 형식의 파일을 재생할 수 없다는 것도 알고 있다. 브라우저가 재생할 수 없는 파일에 대해서는 플러그인이 대신 재생하도록 할 수 있다.

- "": 브라우저는 이 포맷을 알지 못하고 플러그인에 대신 재생하도록 할 수도 없다. 이 포맷은 재생할 수 없다고 보면 된다.

- "no": ""과 같은 뜻이다. 표준이 확립되기 전에 구현된 예전 브라우저에서 이 값이 리턴될 수 있다. 예전 브라우저를 지원한다면 종종 이 결과값을 볼 수 있을 것이다.

이 결과를 이용해 다음과 같이 HTML 코드를 작성할 수 있을 것이다.

```
var audio = new Audio();
var canPlayOggVorbis = audio.canPlayType('audio/ogg;
    codecs="vorbis"');
var canPlayMP3 = audio.canPlayType('audio/mpeg; codecs="mp3"');
if (canPlayOggVorbis == "probably" || (canPlayOggVorbis == "maybe" &&
    canPlayMP3 != "probably")) {
    sound.ext = ".ogg";
} else {
    sound.ext = ".mp3";
}
```

이 코드는 Ogg Vorbis와 MP3가 둘 다 "probably" 혹은 "maybe"로 같은 결과를 얻는다면 Ogg Vorbis를 선택하고, 둘 중에 하나만 "probably"라면 그 포맷을 선택한다.

사운드 프리로딩

embed 태그와 비교해서 오디오 엘리먼트는 프리로딩을 지원한다. 이는 오디오 엘리먼트의 readyState 프로퍼티를 이용해서 할 수 있다. 이 프로퍼티는 많은 상태를 가진다.

- HAVE_NOTHING: 파일에 접근할 수 없거나 아직 모두 로딩되지 않았다. 이 상태는 숫자로는 0이다.

- HAVE_METADATA: 파일의 맨 앞부분 일부가 프리로딩되었다. 이 상태에서 파일의 메타데이터를 얻을 수 있다. 메타데이터는 사운드의 총 재생 길이 등의 정보를 담고 있다. 이 상태는 숫자로는 1이다.

- HAVE_CURRENT_DATA: 현재 재생 시점의 데이터가 로드되었지만 계속 재생하기엔 부족한 상태이다. 사운드 끝부분을 바로 재생하려는 경우에 잠깐 이 상태가 된다. 숫자로는 2이다.

- HAVE_FUTURE_DATA: 현재 재생하려는 부분부터 꽤 뒷부분까지 재생할 수 있을 만큼 충분히 로딩되었다. 하지만, 앞으로 버퍼링이 없을 것이라고 장담할 수는 없다. 숫자로는 3이다.

- HAVE_ENOUGH_DATA: 충분히 프리로딩되었고 끝까지 재생하는데 끊김이 없을 것이다(이는 재생 속도와 다운로드 속도를 이용해서 짐작한다). 숫자로는 4다.

우리의 구현에서는 HAVE_ENOUGH_DATA 상태가 되어야 프리로딩이 되었다고 간주할 것이다. 우리의 작은 라이브러리를 위한 구현을 보도록 하자.

```
// 사운드 오브젝트
sound = function(){

    // 사운드 프리로딩
    this.preload = function(url){
        this.audio = new Audio();
        this.audio.preload = "auto";
        this.audio.src = url + sound.ext;
        this.audio.load();
    };

    // 사운드가 프리로딩되었다면 true를 리턴
    this.isPreloaded = function(){
        return (this.audio.readyState == 4)
    }
```

```
    // ..
};

(function(){
    var audio = new Audio();
    var canPlayOggVorbis = audio.canPlayType('audio/ogg;
        codecs="vorbis"');
    var canPlayMP3 = audio.canPlayType('audio/mpeg; codecs="mp3"');
    if (canPlayOggVorbis == "probably" || (canPlayOggVorbis == "maybe"
        && canPlayMP3 != "probably")) {
        sound.ext = ".ogg";
    } else {
        sound.ext = ".mp3";
    }
})();
```

위 코드는 두 부분으로 이루어져 있는데 뒷부분의 코드는 지원하는 포맷을 검출할 때 이미 봤던 코드다. 이 코드는 한 번만 실행되고 sound 오브젝트에 지원하는 포맷만 넣도록 해준다.

앞부분의 코드는 프리로딩의 구현이다. 먼저 오디오 오브젝트를 만들고 프리로딩 모드를 auto로 한다. 이는 브라우저에 파일을 다운로드할 수 있는 만큼 받게 한다. 그리고 지원하는 포맷의 파일을 넣는다. src 인자에 알맞은 확장자를 넣는 것을 코드에서 확인할 수 있다.

마지막으로 load 함수를 호출한다. 이는 특정 구현에서 파일 로딩을 시작하기 위해 꼭 필요하다. 그리고 프리로딩이 되었는지는 readyState 프로퍼티가 HAVE_ENOUGH_DATA 인지로 확인한다.

사운드 재생 및 정지

재생 제어는 굉장히 간단하다. 다음 구현을 보자.

```
// 소리를 재생한다.
// loop가 켜져 있다면 중지할 때까지 반복될 것이다.
this.play = function(loop){
    if (this.audio.loop === undefined){
```

```
        this.audio.addEventListener('ended', function() {
            this.currentTime = 0;
            this.play();
        }, false);
    } else {
        this.audio.loop = loop;
    }
    this.audio.play();
};

// 사운드를 멈춘다.
this.stop = function(){
    this.audio.pause();
    this.audio.currentTime = 0;
};
```

play 함수의 구현은 굉장히 직관적이다. 하지만, 소수의 예전 브라우저는 loop 어
트리뷰트를 지원하지 않는다. 때문에 반복을 직접 구현해야 한다. 재생이 끝나면
실행되는 이벤트 핸들러를 등록하고, 여기서 바로 되감고 다시 재생하도록 한다.

보다시피 오디오 엘리먼트에는 stop 함수가 없는 대신 pause 함수가 있다. pause
함수를 호출한 후에 start 함수를 다시 호출하면 멈춘 부분부터 다시 재생된다.
사운드를 되감기 위해 currentTime을 0으로 설정하여 사운드를 제일 앞부분으로
돌린다.

pause 함수는 유용하게 쓰일 수 있으므로, 우리의 라이브러리에 추가한다.

```
// 사운드를 일시 정지한다.
this.pause = function(loop){
    this.audio.pause();
};
```

오디오 엘리먼트를 이용하는 방법은 꽤 좋은 해결법처럼 보이고, 실제로 대부분의
상황에서 그렇다. 하지만, 몇 가지 문제점이 있는데, 재생 속도를 조절할 수 없다.
그리고 사운드 이펙트, 패닝(소리를 출력 채널에 분배하는 것) 등 더 말할 필요도 없이 많
다. 게다가 몇몇 디바이스(대개 모바일 기기)는 동시에 여러 개의 사운드를 재생할 수

없다. 대부분 하드웨어의 제한 때문인데, 이는 배경음악을 들으면서 사운드 이펙트를 재생할 수 없다는 뜻이다. 그리고 이 API를 사용하면 iOS에서는 유저가 승인을 해야지만 사운드가 재생된다.

웹 오디오 API

웹 오디오 API는 자바스크립트 개발자가 네이티브 애플리케이션을 만들 때처럼 사운드를 다룰 수 있게 하는게 목적이다. 이 API는 게임 개발에 널리 사용되는 OpenAL의 기능과 같다. 그리고 표준 API이기도 하다. 하지만, 현재는 웹킷 기반의 브라우저만(iOS 6 이후의 모바일 브라우저 포함) 이 기능을 지원한다.

이 표준이 정립되기 전에 모질라는 이와 비슷한 오디오 데이터라고 불리는 API를 파이어폭스에 추가했다. 현재는 웹 오디오 API로 마이그레이션을 하고 있다. 아마 2013년 이전에 파이어폭스 안정화 버전에 추가될 것으로 보인다. 인터넷 익스플로러는 아직 이에 대한 언급이 없다. 파이어폭스에서 웹 오디오 API를 사용하기 위해 audionode.js 라이브러리를 사용할 수 있다(https://github.com/corbanbrook/audionode.js). 하지만, 완전하지 않고 몇 년간 업데이트가 없다. 하지만, 웹 오디오 API를 간단하게 이용할 때엔 도움이 될 것이다.

단순히 소리를 재생하는 방법에 비해 웹 오디오 API는 사운드 이펙트에 대한 전체를 아우르는 기능을 지원하기 때문에 사용하기가 좀 더 복잡하다.

기본 사용법

웹 오디오 API의 접근법은 사운드 노드를 순서대로 스피커에 향하는 선에 연결하는 것과 비슷하다. 사운드 노드는 실제 앰프와 이퀄라이저, 이펙트 페달, CD 플레이어 등으로 상상할 수 있다. 이것이 웹 오디오 API가 오디오 컨텍스트를 통해 하는 것의 전부이다. 오디오 컨텍스트는 생성된 오브젝트이지만 언제든 하나의 인스턴스만 가질 수 있다.

먼저 간단한 예제로 시작해보자. 다음 그림은 MP3 소스를 스피커에 연결하는 것이다.

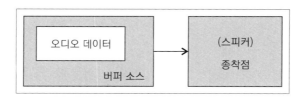

MP3 소스를 만들기 위해서 먼저 사운드를 불러와야 한다. 이것은 비동기 XML HTTP 리퀘스트로 할 수 있다. 그럼 MP3로 인코딩된 파일을 얻게 되고, 소리 음파 형태로 디코딩하여 버퍼에 쌓아야 한다.

```
var soundBuffer = null;
var context = new webkitAudioContext();

var request = new XMLHttpRequest();
request.open('GET', url, true);
request.responseType = 'arraybuffer';
// 비동기적으로 디코드
request.onload = function() {
    context.decodeAudioData(request.response, function(buffer) {
        soundBuffer = buffer;
    }, onError);
}
request.send();

var context = new webkitAudioContext();
```

여기서 soundBuffer 오브젝트가 디코딩된 사운드 데이터를 가지게 된다. 이제 소스 노드를 만들고 이 버퍼와 연결해야 한다. 비유적으로 말해보면 CD를 CD 플레이어에 넣는 것이다.

```
var source = context.createBufferSource();
source.buffer = buffer;
```

마지막으로 소스를 스피커에 연결한다.

```
source.connect(context.destination);
```

이는 CD 플레이어를 헤드셋이나 스피커에 연결하는 것과 비슷하다. 여기까지 해
도 아직은 아무 소리도 들을 수 없다. 아직 재생하지 않았기 때문이다. 다음 코드
를 써서 재생할 수 있다.

```
source.start(0);
```

이 메소드의 이름은 원래 noteOn이었으나 좀 더 알아보기 쉽게 바뀌었다. 좀 오래
된 브라우저를 지원하려면 noteOn을 고려해야 할 수도 있다. 재생을 멈추기 위해
서는 stop을 호출하면 된다(예전 이름은 noteOff). 이 함수에 왜 인자를 넣어야 하는
지 의문이 들 수 있다. 이 인자는 사운드 혹은 비주얼 이펙트 등과 굉장히 정밀하
게 싱크를 맞출 수 있게 해준다. 이 값은 사운드가 재생(혹은 정지)되기까지 어느 정
도의 간격이 있을지를 뜻한다. 이 값은 초 단위다.

여기까지를 우리의 작은 라이브러리에 구현하도록 하자.

```
sound = function(){
    this.preloaded = false;

    // 사운드 프리로딩
    this.preload = function(url){
        var request = new XMLHttpRequest();
        request.open('GET', url, true);
        request.responseType = 'arraybuffer';

        // 비동기적으로 디코드
        var that = this;
        request.onload = function() {
            sound.context.decodeAudioData(request.response, function(buffer){
                that.soundBuffer = buffer;
                that.preloaded = true;
            });
        }
        request.send();
    };
```

```
// 사운드가 프리로딩되었다면 true를 리턴
this.isPreloaded = function(){
    return this.preloaded;
}

// 소리를 재생한다.
// loop가 켜져 있다면 중지할 때까지 반복될 것이다.
this.play = function(loop){
    this.source = sound.context.createBufferSource();
    this.source.buffer = this.soundBuffer;
    this.source.connect(sound.context.destination);
    this.source.loop = true;
    this.source.start(0);
};

// 사운드 정지
this.stop = function(){
    this.source.stop(0);
};
};

sound.context = new webkitAudioContext();
```

전혀 새로울 것이 없지만, play와 stop은 한 번만 호출될 수 있다. 이는 사운드를 재생하기 위해서 매번 새로 BufferSource 오브젝트를 만들어야 한다는 뜻이다.

더 많은 노드 연결

gain 노드를 컨텍스트에 연결해보자. 이 노드는 사운드의 볼륨을 바꿀 수 있게 해준다. 실제로는 앰프와 비슷하다고 볼 수 있다. 다음 그림은 노드가 어떻게 연결될지 보여준다.

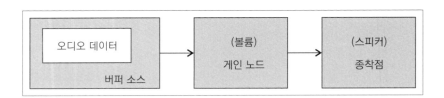

먼저 gain 노드를 만든다.

```
var gainNode = context.createGainNode();
```

그리고 사운드 소스를 게인 노드의 입력에 연결하고, gain 노드의 출력은 스피커로 연결한다.

```
source.connect(gainNode);
gainNode.connect(context.destination);
```

이제 gain.value 프로퍼티를 이용해서 볼륨을 바꿀 수 있다. 다음 코드를 보자.

```
gainNode.gain.value = 0.8;
```

gain 매개변수는 AudioParams으로 불린다. 이 매개변수들은 많은 노드에서 찾아볼 수 있다. 이 매개변수는 일련의 함수를 가지고 있는데 사운드에 관련된 값들을 조정할 수 있게 해준다. 이 조정은 즉각적으로 적용될뿐만 아니라 지속적으로 작용한다. 이 오브젝트를 통해 호출할 수 있는 함수는 다음과 같다.

- setValueAtTime(value, time): 지정한 시간에 값을 바꾼다. 이 값은 초 단위의 절대값으로, start 함수에 넣는 인자와 비슷하다고 보면 된다.

- linearRampToValueAtTime(value, time): 현재 값에서 지정한 값으로 지정된 시간 동안 선형 보간한다.

- exponentialRampToValueAtTime(value, time): 현재 값에서 지정한 값으로 지정된 시간 동안 지수 보간한다.

- setTargetAtTime(target, time, constant): 현재 값에서 지정한 값으로 지정된 시간 동안 컨스턴트 레이트로 접근한다.

- setValueCurveAtTime(valuesArray, time, duration): 현재 값을 주어진 값 목록에 맞추어 지정된 시간 동안 지정된 간격으로 변화시킨다.

- cancelScheduledValues(time): 주어진 시간 동안 변화시키도록 한 값들을 취소한다.

다음 그림은 이 함수들의 예제다.

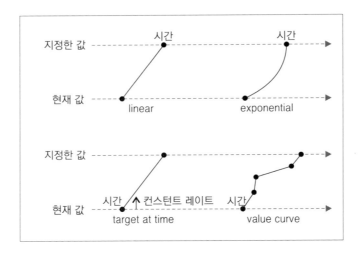

이 함수는 다른 하나가 끝나고 연쇄적으로 실행되도록 할 수 있다. 정확하게 원하는 대로 값을 변화하기 위해서 때론 너무 복잡한 인터렉션이 있을 수 있다. 그런 경우에는 트랜지션을 만들 때 에러가 발생할 수도 있다. 더 자세한 내용은 명세서를 참조하라.

사운드 여러 개 로딩

사운드 노드는 사운드 그래프를 구성할 수 있는 많은 노드 중의 하나다. 이 노드들을 원하는 대로 합칠 수 있다. 물론 여러 개의 사운드 소스를 context.destination 오브젝트에 연결할 수 있다. 여러 개의 사운드를 사용할 때에 한 번에 모두 프리로딩하고 싶을 것이다.

지금까지 썼던 API로도 가능하지만, 여기서는 BufferLoader를 이용할 것이다. 다음 코드는 이것이 어떻게 동작하는지 보여준다.

```
bufferLoader = new BufferLoader(
    context,
    [
        'sound1.mp3',
        'sound2.mp3'
    ],
    function(bufferList){
        // bufferList는 buffer의 배열
    }
);
bufferLoader.load();
```

사운드가 버퍼링되면 콜백이 실행되는데, 이전 예제에서 onload 콜백으로 하던
것과 같다.

이펙트 노드

API에 몇 개의 이펙트 노드가 존재하는데 여기서 빠르게 훑어 볼 것이다. 이 목록
은 명세서에서 가져왔다(http://www.w3.org/TR/webaudio/). 명세는 아직 개선되는 중
이고, 브라우저의 구현이 최신 명세를 완벽하게 적용하고 있지 않다는 것을 명심
하라.

딜레이 노드

딜레이 노드는 간단히 사운드를 지연시킨다. 사운드를 얼마나 지연시킬지에 대한
단 하나의 매개변수만을 가진다.

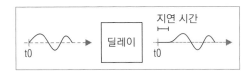

스크립트 프로세서 노드

이 노드는 자바스크립트로 당신만의 이펙트를 만들 수 있게하는 범용 노드다. 다음과 같은 두 개의 매개변수를 가진다.

- bufferSize: 버퍼의 크기를 의미한다. 256 혹은 512, 1024, 2048, 4096, 8192, 16384 중의 하나가 될 수 있다. 이 버퍼는 자바스크립트 함수가 작용할 사운드의 일부분이다.
- onaudioprocess: 사운드를 변형할 함수이다. 불려진 노드와 입력 버퍼, 이 버퍼가 오디오의 어디를 재생하고 있는지에 대한 프로퍼티를 이벤트로 받을 수 있다. 그리고 이벤트의 출력 버퍼에 변형한 사운드 결과를 쓰게 된다.

패너 노드

패너Panner 노드는 사운드를 3D 환경에서 공간화할 수 있게 해준다. 사운드를 setPosition과 setOrientation, setVelocity 함수를 이용해서 공간상에 표시할 수 있다. 리스너의 공간 프로퍼티를 수정하기 위해서 context.listener 오브젝트와 이 함수들을 이용할 수 있다.

공간화를 위해 미세 조정할 수 있는 수많은 매개변수가 있는데, 명세서에서 더 자세한 내용을 볼 수 있다.

콘벌버 노드

콘벌버Convolver 노드는 콘벌버 이펙트를 만든다(http://en.wikipedia.org/wiki/Convolution). 이 노드는 임펄스impulse를 담고 있는 사운드 버퍼와 사운드 이펙트를 노멀라이즈할지 안 할지에 대한 불리언 값, 이렇게 두 개의 매개변수를 갖는다.

애널라이저 노드

애널라이저Analyser 노드는 사운드에 어떠한 변화도 가하지 않는다. 다만 시간에 따라 사운드를 분석할 때 사용할 수 있다.

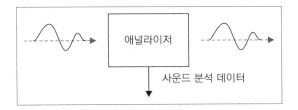

다이나믹 컴프레서 노드

이 노드는 컴프레서 이펙트를 구현한다. threshold와 knee, ratio, reduction, attack, release의 매개변수로 조정할 수 있다.

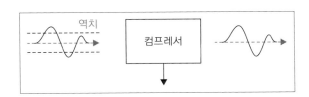

바이쿼드필터 노드

바이쿼드필터BiquadFilter 노드는 일련의 로우오더low-order 필터다. 타입 프로퍼티는 `lowpass`와 `highpass`, `bandpass`, `lowshelf`, `highshelf`, `peaking`, `notch`, `allpass` 중의 하나이다. 그리고 몇 개의 매개변수로 이펙트를 설정할 수 있다. 더 자세한 내용은 명세에서 찾아볼 수 있다.

웨이브셰이퍼 노드

웨이브셰이퍼WaveShaper 노드는 웨이브셰이퍼 이펙트를 구현한 것이다(http://en.wikipedia.org/wiki/Waveshaper). 이 노드의 `curve` 프로퍼티에 배열을 대입해서 셰이핑 함수를 설정할 수 있다.

플래시를 이용한 대비책

조금 이상하게 보이겠지만, 소수의 특정 상황에서는 사운드를 위해 플래시를 써야 한다. 예를 들어 iOS와 데스크탑 컴퓨터를 동시에 지원하기 위해 작은 HTML 게임을 만든다고 해보자. 그리고 IE6 같은 옛날 브라우저에도 사운드와 함께 돌아가기를 원한다. 혹은 MP3만 쓰려고 하는데, MP3를 지원하지 않는 기기를 위해 플래시를 사용하려고 한다. 이런 상황에 HTML5 오디오 엘리먼트가 지원되지 않는다면 플래시를 써야 한다.

이런 상황에 사용할 수 있는 몇 개의 라이브러리가 있다. 여기서는 그런 라이브러리 중의 하나인 SoundManager 2를 자세하게 살펴보도록 할 것이다. 그리고 빠르게 몇 가지 대안을 추가로 살펴보겠다.

SoundManager 2

SoundManager 2(http://www.schillmania.com/projects/soundmanager2/)를 사용하기 위해서는 작은 자바스크립트 코드를 포함하고, 플래시 파일을 링크해야 한다(same-origin 정책으로 같은 서버에서 호스팅되어야 한다). 프리로딩이 어떻게 구현되는지 빠르게 살펴보자.

```
sound = function(){

    this.preloadStarted = false;

    // 사운드 프리로딩
    this.preload = function(url){
        if(sound.ready){
            this.audio = soundManager.createSound({
                id: 'sound'+sound.counter++,
                url: url,
                autoLoad: true,
                autoPlay: false,
                volume: 50
            });
            this.preloadStarted = true;
        } else {
            this.url = url;
        }
    };

    // 사운드가 프리로딩되었다면 true를 리턴
    this.isPreloaded = function(){
        if (!this.preloadStarted){
            this.preload(this.url);
            return false;
        } else {
            return (this.audio.readyState == 3)
        }
    }
    //...
};
```

```
sound.ready = false;
sound.counter = 0;
// 사운드 오브젝트
soundManager.setup({
   url: 'sm2.swf',
   flashVersion: 8,
   useHTML5Audio: true,
   onready: function() {
      sound.ready = true;
   }
});
```

SoundManager 2를 사용하기 위해서 먼저 설정을 해야 한다. 코드 마지막 부분의 강조된 코드가 설정을 위한 코드다. url 매개변수는 사운드 재생을 위한 플래시 파일의 경로다. 플래시 버전은 8로 설정한다. HTML5 오디오 엘리먼트를 흉내내는 데 있어서 이 이상의 버전이 필요하지 않다. 그리고 플래시가 사용 가능하지 않을 때 HTML5 오디오 엘리먼트를 쓰도록 설정한다. 이 메소드는 전부 로드되어 사용할 수 있게 되기까지 약간의 시간이 걸린다. 로드 완료 이벤트에서 간단히 ready 플래그를 세팅한다. 추가로 많은 매개변수들이 있는데 SoundManger는 문서화가 잘 되어 있으므로 그것을 참고하면 된다.

preload 함수를 구현하기 위해 SoundManager가 준비되지 않은 상태를 고려해야 한다. 이 경우에는 다음 번 isPreloaded 함수가 호출될 때 프리로딩을 시작하도록 해준다(SoundManager가 준비된 경우).

사운드의 상태는 readyState 매개변수로 알 수 있지만 HTML5 오디오 엘리먼트가 돌려주는 상태와 다르다는 것을 주의해야 한다.

- 0: 사운드가 초기화되지 않았다. 프리로딩이 아직 시작되지 않았다.
- 1: 사운드가 로딩 중이다.
- 2: 사운드 로딩 중에 에러가 발생했다.
- 3: 파일이 로드되었다.

확실히 사운드가 준비된 것은 readyState가 3일 때로 한다. 그리고 나머지 세 메소드의 구현은 다음 코드와 같다. SoundManager를 사용한 것을 빼면 특별할 것이 하나도 없다.

```
// 소리를 재생한다.
// loop가 켜져 있다면 중지할 때까지 반복될 것이다.
this.play = function(loop){
    this.audio.loops = loop;
    this.audio.play();
};

// 사운드 일시정지
this.pause = function(loop){
    this.audio.pause();
};

// 사운드 정지
this.stop = function(){
    this.audio.stop();
};
```

이제 우리의 사운드 라이브러리가 SoundManager로 구현되었다.

SoundManager의 대안

SoundManager와 비슷한 역할을 하는 수많은 라이브러리가 존재한다. jPlayer(http://www.jplayer.org/)도 그중의 하나다. SoundManger와 달리 jPlayer는 비디오 재생도 지원한다. 그리고 제이쿼리 플러그인도 지원한다. 하지만, 미디어 플레이어를 이용하고, UI가 나타난다. jPlayer를 게임에 쓰게 된다면 UI를 끌 수 있다.

SoundJS(http://www.createjs.com/#!/SoundJS)를 쓸 수도 있다. 이는 게임 프로그래밍에 알맞게 만들어진 CreateJS 스위트의 한 부분이다. SoundJS는 HTML5 오디오와 웹 오디오 API, 플래시를 지원한다. CreateJS를 쓰고 있을 때는 문제가 안 되겠지만, 그렇지 않다면 앞의 두 방법보다는 구현하기 힘들다. 하지만, 이 라이브러리는 깨끗하고 최신이라 구현에 애를 먹더라도 충분히 가치가 있을 것이다.

지금까지 살펴본 것들이 마음에 들지 않는다면 mediaelement.js(http:// mediaelementjs.com/)를 사용할 수 있다. 이 라이브러리는 브라우저가 HTML5 오디오와 비디오 엘리먼트를 지원하지 않을 때 사용할 수 있게 해준다. 간단히 오디오 엘리먼트를 이용하면 된다. 그리고 필요하다면 플래시나 실버라이트 스크립트를 사용해야 한다.

사운드 이펙트 제작

지금까지 대부분 음악에 대해 얘기했다. 사운드 이펙트도 마찬가지로 같은 기술을 이용해서 재생할 수 있다. 하지만, 더 우아한 방법이 있는데, 런타임에 생성하는 것이다. 옛날 게임 콘솔의 많은 이펙트와 비슷하다. SFXR.js(https://github.com/ humphd/sfxr.js)를 이용해 자바스크립트로 이것을 할 수 있다. 이 라이브러리는 유명한 SFXR의 자바스크립트 포팅이다. 하지만, 파이어폭스 오디오 데이터 API에서만 작동한다. 그렇지만 한 번 살펴보는 것을 추천한다.

정리

게임에서 사운드를 재생하기 위한 많은 방법을 배웠다. 표준 API를 이용하거나 플러그인, 플래시 라이브러리를 쓸 수 있다. 아마도 지금 당신의 머리는 꽤나 아플 것이다. 아직은 브라우저에서 오디오 지원이 빈약하지만, 몇 년 이내에 모든 브라우저가 웹 오디오 API를 지원하게 될 것이고 그러면 상황이 더 나아질 것이다. 그러므로 HTML5 오디오 엘리먼트보다 좀 복잡하더라도 익혀두길 바란다.

이제 완벽한 제이쿼리 게임을 만들기 위한 모든 도구를 손에 넣었다. 당신이 이 책을 즐겁게 읽었기 바란다. 그리고 이 책이 당신이 멋진 게임을 만드는 데 영감을 주길 바란다.

찾아보기

에이콘출판의 기틀을 마련하신 故 정완재 선생님 (1935-2004)

acorn+PACKT Technical Book 시리즈

jQuery로 만드는 모바일&웹 게임
기초적인 2D 스프라이트 사용부터 MMORPG 게임 개발까지

인 쇄 ┃ 2014년 12월 22일
발 행 ┃ 2015년 1월 2일

지은이 ┃ 셸림 아르세베르
옮긴이 ┃ 김 세 중

펴낸이 ┃ 권 성 준
엮은이 ┃ 김 희 정
　　　　안 윤 경
　　　　오 원 영
표지 디자인 ┃ 한국어판_선우숙영
본문 디자인 ┃ 남 은 순

인 쇄 ┃ 한일미디어
용 지 ┃ 신승지류유통(주)

에이콘출판주식회사
경기도 의왕시 계원대학로 38 (내손동 757-3) (437-836)
전화 02-2653-7600, 팩스 02-2653-0433
www.acornpub.co.kr / editor@acornpub.co.kr

이 도서의 국립중앙도서관 출판시도서목록(CIP)은 서지정보유통지원시스템 홈페이지(http://seoji.nl.go.kr)와
국가자료공동목록시스템(http://www.nl.go.kr/kolisnet)에서 이용하실 수 있습니다.(CIP제어번호: CIP2014036676)

책값은 뒤표지에 있습니다.